Je ne sais pas
maigrir

Je ne sais pas
maigrir

À Sacha et Maya,
à Maya et Sacha,
mes deux enfants,
pour la deuxième vie qu'ils m'ont offerte
en échange de celle que je leur ai donnée.

À Christine, ma femme,
sans laquelle cet échange
n'aurait pas même pu être imaginé.

À Sylvia et Maurice
qui parlent encore par ma voix.

SOMMAIRE

Préface à l'attention
des professionnels de santé

20 millions de français sont trop gros,
35 à 40 000 en meurent chaque année.
Qui s'en soucie ?
VOUS ! Mais vous ne savez pas quoi faire…

Je vous propose ma méthode

Non parce que c'est la mienne, mais parce
qu'au soir d'une vie, après 35 ans d'expérience
quotidienne, j'ai acquis la conviction que c'était
la meilleure de toutes celles que je connaissais !

Des preuves ?

Plus d'un million de français l'ont essayé et
8 ans après sa parution, l'ouvrage est en tête de
toutes les ventes de livres, derrière Harry Potter.

100 aliments

parmi les plus nobles, denses et rassasiants du
patrimoine alimentaire humain assortis de la
mention magique : À VOLONTÉ.

4 phases

de la plus stricte à la plus ouverte

1. **L'Attaque**, courte et foudroyante.
2. **La Croisière** acharnée jusqu'au Juste Poids.
3. **La Consolidatio**n : 10 jours par kilo perdu.
4. **La Stabilisation définitive** : jeudi protéines
   + l'abandon des ascenseurs + 3 cas de son
   d'avoine à vie.

174 médecins m'ont demandé l'autorisation
de la pratiquer, photocopiant les pages de
synthèse. J'ai répondu **OUI**, et à vous aussi !
L'essentiel est de réussir. Essayons au moins !

Dr Pierre DUKAN
Pdt Asssociation RIPOSTE Monde

Réaction Internationale Prévention Obésité Surpoids Toute Expertise

AVANT-PROPOS

Une rencontre décisive
ou l'homme qui n'aimait
que la viande

Mon premier contact avec l'obésité remonte à l'époque où, très jeune médecin, je pratiquais la médecine générale dans un quartier de Montparnasse tout en me spécialisant à Garches dans un service de neurologie peuplé d'enfants paraplégiques.

J'avais à cette époque dans ma clientèle un éditeur obèse, jovial, prodigieusement cultivé et atteint d'un asthme éprouvant dont je l'avais souvent tiré d'affaire. Il vint me voir un jour et après s'être confortablement installé dans un fauteuil anglais qui grinçait sous la charge :

« Docteur, j'ai toujours été satisfait de vos bons soins, je me fie à vous, et aujourd'hui je viens vous voir pour que vous me fassiez maigrir. »

À cette époque, je ne connaissais de la nutrition et de l'obésité que ce que l'on avait bien voulu m'enseigner à la faculté et qui se résumait à proposer des régimes hypocaloriques, des formes de repas miniatures ressemblant en tout point à des repas normaux mais assortis de portions de Lilliputiens qui faisaient sourire et s'évader les obèses, grands viveurs habitués à flamber leur vie par tous les bouts et horripilés à l'idée d'avoir à compter ce qui faisait leur bonheur.

Je me récusais donc en bafouillant, prétextant, à juste titre, que je ne possédais pas les subtilités de cette science.

« De quelle science parlez-vous ? J'ai vu tous les spécialistes de Paris, tous les affameurs de la place. J'ai déjà perdu à moi seul plus de trois cents kilos depuis mon adolescence et tout repris. Il me faut vous avouer que je n'ai jamais été profondément motivé et ma femme m'a involontairement fait grand tort en continuant à m'aimer malgré mes kilos. Mais aujourd'hui, je m'essouffle en levant seulement les yeux, je ne trouve plus d'habits qui m'aillent et pour tout vous dire, je commence à avoir peur d'y laisser ma peau. » Et pour finir, il ajouta cette ultime phrase qui, à elle seule, dévia brusquement le cours de ma vie professionnelle : « Faites-moi suivre le régime que vous voudrez, supprimez-moi tous les aliments que vous voudrez, tout, mais pas la viande, j'aime trop la viande. »

Et de manière réflexe et pour répondre à son attente, je me souviens lui avoir répondu sans hésiter :

« Eh bien ! puisque vous l'aimez tant cette viande, passez demain matin à jeun pour vous peser sur ma balance, et pendant cinq jours, ne mangez que de la viande. Évitez cependant les viandes grasses, le porc, l'agneau et les morceaux les plus gras comme l'entrecôte ou la côte de bœuf. Faites griller le tout, buvez autant que vous pourrez et revenez dans cinq jours à jeun vous peser à nouveau chez moi.

— OK, pari tenu. »

Cinq jours plus tard, il était là. Il avait perdu près de cinq kilos. Je n'en croyais pas mes yeux et lui non plus. Je me sentais un peu inquiet mais il était resplendissant, plus jovial que de coutume, parlant de bien-être retrouvé, de ronflement disparu et balayant mes hésitations :

« Je continue, je me sens au zénith, ça marche et je me régale. »

Et il repartit pour un deuxième tour de cinq jours de viandes en acceptant la promesse de faire pratiquer une prise de sang et d'urine.

Lorsqu'il revint, il avait encore perdu deux kilos et, jubilant, me mit sous le nez les résultats de son bilan sanguin qui affichait des dosages parfaitement normaux, ni sucre, ni cholestérol, ni acide urique.

Entre-temps, j'étais passé à la bibliothèque de la faculté de médecine où j'avais pris soin d'approfondir les caractéristiques nutritionnelles des viandes en élargissant mon intérêt à la grande famille des protéines, dont elles sont le plus prestigieux fleuron.

Si bien que lorsqu'il revint cinq jours plus tard, toujours en grande forme et délesté d'un autre kilo et demi, je lui demandais d'ajouter le poisson et les fruits de mer, qu'il accepta de bonne grâce, car il commençait à avoir fait le tour des viandes.

Lorsqu'au terme des vingt premiers jours, la bascule afficha les premiers dix kilos perdus, il refit une deuxième prise de sang tout aussi rassurante que la première. Jouant mon va-tout, je lui ajoutai alors les dernières catégories de protéines qui restaient encore en ma possession, lançant pêle-mêle les laitages, la volaille, les œufs et pour apaiser mes inquiétudes, je lui demandais d'intensifier la boisson pour passer à trois litres d'eau par jour.

Il finit tout de même par se lasser et accepta d'ajouter des légumes dont je commençais à redouter l'absence aussi prolongée.

Il revint cinq jours plus tard sans avoir perdu le moindre gramme. Il en trouva argument pour me réclamer le retour à son régime favori et à toutes ces catégories de protéines auxquelles il avait pris goût et dont il appréciait surtout l'absence totale de limitation. Je le lui accordai à la condition de faire alterner ce régime avec des paliers de cinq jours d'association à des légumes, prétextant un risque de carence en vitamines auquel il ne croyait pas du tout, mais qu'il accepta en raison d'un ralentissement de son transit intestinal par insuffisance de fibres.

Et c'est ainsi que naquit mon régime des protéines alternatives ainsi que mon intérêt pour l'obésité et toutes les catégories de surcharges qui dévièrent l'axe de mes études et de ma vie professionnelle.

Installé, j'ai utilisé patiemment ce régime, je l'ai sans cesse amélioré et façonné à ma main pour en faire le régime qui me semble aujourd'hui à la fois le mieux adapté à la psychologie extrêmement particulière du gros et le plus efficace des régimes amaigrissants composés d'aliments.

Cependant, au fil des jours, je fis le constat amer que les régimes amaigrissants, aussi efficaces et bien conduits soient-ils, ne résistaient pas au temps et, faute d'une réelle stabilisation, voyaient leurs résultats s'évanouir, au mieux dans une sourde et lente dérive, au pire dans une reprise massive habituellement greffée sur une déstabilisation affective, stress, déboires ou autres contrariétés.

C'est pour faire face à cette guerre inlassablement perdue par la grande majorité de ceux qui maigrissent que j'ai été amené à construire un régime de consolidation du poids perdu, rempart défensif contre les reprises précoces, reprises partielles livrant au découragement puis à des comportements de dégoût de soi, d'abandon total et de reprise extrême. Ce palier de protection chargé de réintroduire par strates successives les éléments de base d'une alimentation acceptable, je l'avais conçu pour contenir la violence revancharde d'un organisme dépouillé de ses réserves. Et, pour couvrir le temps de cette révolte et rendre cette transition acceptable, j'avais fixé à ce régime une durée précise, proportionnelle à la perte de poids et facile à calculer, de dix jours par kilo perdu.

Mais, là encore, passée l'épreuve victorieuse de la consolidation, le retour progressif des habitudes, la pression des métabolismes aidant et, surtout, l'inévitable résurgence du besoin de compenser misères et inquiétudes dans l'onctueux, le doux et l'abondant avaient encore insidieusement raison de ce bastion défensif.

Pour en finir, il me fallut alors prendre une mesure difficile à faire accepter, une consigne qui ose porter l'épithète de « définitive », l'inacceptable entrave que tous les gros, les pléthoriques, petits ou grands obèses ou simples surchargés exècrent et récusent *a priori* car elle s'inscrit dans la durée et prend à rebrousse-poil leur besoin d'impulsivité et leur sainte horreur de l'encadrement. Inacceptable, sauf si cette consigne à suivre pour le reste de la vie et garante d'une authentique stabilité ne portait que sur une seule journée par semaine d'un régime particulier, journée prédéfinie, non interchangeable, non négociable sur son contenu et foudroyante dans ses résultats.

C'est alors seulement que je touchai la terre promise, le vrai succès franc et durable bâti sur un quatuor de régimes successifs et d'intensité décroissante, que le temps et l'expérience m'avaient conduit à lier l'un à l'autre pour en faire un chemin fléché et fortifié, interdisant tout échappement. Un régime d'attaque court, sévère, mais foudroyant, relayé par un régime de croisière alternatif faisant alterner les coups de boutoirs et les pauses, soutenu par un palier de consolidation de durée proportionnelle au poids perdu. Enfin, pour stabiliser à jamais ce poids chèrement conquis, une mesure conservatoire aussi ponctuelle qu'efficace : une simple journée par semaine de rédemption alimentaire qui maintienne le reste de la semaine en équilibre, à condition de la conserver à jamais à ses côtés comme un chien de garde, pour le reste de la vie.

J'obtins enfin mes premiers vrais résultats durables. J'avais, non plus un simple poisson à offrir, mais un apprentissage de la pêche, un plan global qui permette au gros de devenir autonome, de pouvoir maigrir vite et garder seul et durablement le cap.

J'avais passé vingt ans à façonner à ma main et pour un public restreint ce bel outil, un plan en quatre régimes articulés que j'entends aujourd'hui proposer par la plume à un public plus large.

Ce plan s'adresse à ceux qui ont tout essayé, qui ont maigri souvent – trop souvent – et qui cherchent avant tout la certitude qu'en échange d'un effort consenti et sans faille mais limité dans le temps, ils pourront d'abord maigrir mais bien davantage conserver le fruit de cet effort et vivre avec l'aisance et le corps qu'ils souhaitent et auquel ils ont droit. J'ai donc écrit ce livre à leur usage en espérant que cette solution que je leur propose devienne un jour la leur.

Mais c'est à ceux que j'ai toujours convaincus par la parole et la consigne directe, ceux qui ont rendu ma vie de médecin épanouissante, mes patients de chair et de sang, jeunes et vieux, hommes et femmes, et tout particulièrement le premier d'entre eux, mon éditeur obèse, que je dédie cet ouvrage et cette méthode.

NAISSANCE DU RÉGIME
À QUATRE TEMPS

Le plan Protal

Vingt-cinq ans ont passé depuis ma rencontre décisive avec cet obèse qui a changé le cours de ma vie. Depuis, je me consacre à la nutrition et j'aide des gros et des moins gros à maigrir et à stabiliser leur poids.

Comme tous mes pairs médecins, j'ai été formé à l'école bien cartésienne et française de la mesure et de l'équilibre, du décompte des calories et des régimes hypocaloriques, où tout doit rester permis mais en quantités modérées.

Dès mon arrivée sur le terrain, cette belle construction théorique, fondée sur l'espoir fou qu'il était possible de déprogrammer le gros et ses extravagances de bouche pour en faire un fonctionnaire scrupuleux du décompte calorique, a volé en éclats et, ce que je sais et pratique aujourd'hui, je l'ai appris et développé au contact direct et quotidien d'êtres de chair et de sang, des hommes mais bien plus souvent des femmes, bouillonnant de désirs de bouche et de besoins de table.

J'ai donc très vite compris qu'un gros n'était pas gros par hasard, que sa gourmandise et son apparente désinvolture face à l'aliment camouflaient un besoin de se gratifier en mangeant, et que ce besoin était d'autant plus impérieux qu'il était branché sur des circuits de survie aussi archaïques que viscéraux.

Il me devint très vite évident que l'on ne pouvait faire maigrir durablement un gros en lui donnant seulement des conseils, fussent-ils de bon sens ou fondés sur des arguments scientifiques, deux situations où le sujet n'a guère d'autre choix que d'obéir ou de s'esquiver.

Ce que souhaite un gros décidé à maigrir, ce qu'il demande à un thérapeute ou à une méthode, c'est d'éviter d'avoir à affronter seul la punition infligée à tout être qui s'oppose volontairement à un comportement de survie.

Ce qu'il cherche, c'est donc une volonté extérieure à la sienne, un décideur qui marche devant lui et fournit des consignes, toujours des consignes, encore des consignes, car ce qu'il déteste le plus au monde et ne sait tout simplement pas faire, c'est décider seul du jour, de l'heure et des moyens de sa privation.

Le gros avoue sans honte – pourquoi en aurait-il? – sa faiblesse, voire même une certaine immaturité dans le registre de la gestion de son poids. J'ai connu toutes sortes de gros ou de grosses, d'origines sociales diverses, des gens simples comme des grands de ce monde, des décideurs, des banquiers ou même des hommes politiques, des êtres intelligents, brillants voire éminents, mais tous ceux qui s'asseyaient en face de moi se décrivaient comme étonnamment faibles face à la nourriture, l'utilisant à leur corps défendant, tels des enfants gourmands.

À l'évidence, la plupart d'entre eux ont bâti dans le secret de la prime enfance une ligne de fuite facile vers l'aliment, où se déchargent le trop-plein de tension et la trop grande fréquence des déplaisirs et des stress, et toute prescription rationnelle logique ou responsable ne résiste pas, ou pas longtemps, à la pression de cette défense archaïque.

Renforçant ma conviction, j'ai vu pendant mes trente ans de pratique défiler tous les régimes qui ont défrayé la chronique et marqué leur époque. J'en ai décompté 210 depuis le début des années cinquante. Certains d'entre eux, supportés et popularisés par des livres, furent des best-sellers mondiaux tirés à des millions d'exemplaires, tels le régime Atkins, le Scarsdale, le Montignac, le Weight Watchers, tous des modèles du genre qui m'ont fait comprendre à quel point le gros accueille à bras ouverts ces ouvrages à forte consigne intégrée, y compris le draconien, absurde et même dangereux régime dit de la Mayo Clinic, célèbre clinique américaine, véritable ineptie nutritionnelle avec sa vingtaine d'œufs hebdomadaire, mais qui, trente ans après sa naissance, continue à circuler sous le manteau malgré les dénégations unanimes de tous les nutritionnistes du monde.

L'analyse de ces régimes et des raisons de leur incroyable succès, la pratique et l'écoute quotidienne des gros, l'observation de la puissance de leur détermination à certains moments de leur vie et leur extrême facilité à se décourager en l'absence de résultats rapides et proportionnels à leur effort, m'ont convaincu que :

Le gros qui désire maigrir a besoin d'un régime qui démarre vite et porte rapidement ses premiers fruits, suffisamment vite pour renforcer et entretenir sa motivation, et il a tout aussi besoin d'objectifs pré-

cis à atteindre, fixés par un donneur de consignes extérieur à lui avec instauration d'étapes où il puisse rendre compte de ses efforts en les comparant aux performances attendues.

La plupart des régimes spectaculaires qui flambèrent dans le passé récent possédaient bien cet effet starter et fournissaient bien les résultats promis, malheureusement, leurs consignes, les rails et les étapes fournis s'éteignaient avec la lecture de l'ouvrage et laissaient le gros amaigri à nouveau seul avec ses tentations et sur sa planche glissante et, les mêmes causes entraînant les mêmes effets, tout repartait de plus belle.

Tous ces régimes, même les plus originaux et inventifs, au cours de la phase d'attaque se révélaient étrangement indigents une fois l'objectif atteint et abandonnaient leurs adeptes avec les sempiternels conseils de bon sens, de modération et d'équilibre que l'ex-gros n'aura jamais les moyens de suivre.

Aucun de ces régimes célèbres n'a pu trouver le moyen d'appliquer à la période qui s'ouvre après l'amaigrissement, l'accompagnement et la fourniture de consignes et de repères précis, simples et efficaces, qui avaient fait le succès de leur phase d'attaque.

Le gros amaigri et victorieux sait d'instinct qu'il n'a pas le pouvoir de conserver seul et sans encadrement le fruit de son effort. Il sait aussi que livré à lui-même, il reprendra du poids, d'abord lentement puis plus vite et avec ce même extrémisme qui lui avait permis de maigrir.

Le gros qui vient de maigrir avec une méthode directive a donc besoin de conserver un rappel de cette présence symbolique ou de cette main tenue qui l'accompagnait et le dirigeait pendant son amaigrissement. Une consigne suffisamment simple, ponctuelle, efficace et peu frustrante pour pouvoir être suivie le reste de la vie.

Non satisfait par la majorité des grands régimes à la mode se contentant d'une victoire éclatante mais sans lendemain, conscient de l'inefficacité des régimes hypocaloriques et des recommandations de bon sens qui conservent, malgré toutes les déconvenues, l'espoir de transformer le flambeur en comptable, j'ai été amené à façonner mon propre régime amaigrissant : le régime des protéines alternatives qui fait l'objet de ce présent ouvrage et que des années de pratique m'autorisent à considérer comme à la fois le plus efficace et le mieux toléré des régimes alimentaires actuels.

Les protéines alternatives qui scandent toute la période d'amaigrissement se composent d'un duo de régimes qui fonctionne comme un moteur à deux temps, dans lequel une période de régime de protéines pures, régime d'attaque et de conquête par excellence, est immédiatement suivie par une période symétrique de protéines associées à des légumes, temps de récupération qui permet au corps de digérer sa perte de poids.

Pour des raisons pratiques, j'ai pris l'habitude de désigner ce régime des protéines alternatives sous la forme contractée de ces deux termes prot. + al. qui, réunis, lui donnent ce nom de guerre qui lui convient si bien : *Protal.*

Au fil du temps et prenant en compte l'extrême facilité de mes patients à se relâcher dès l'objectif atteint et à récidiver en l'absence de consignes et de cadre précis, ce régime s'est progressivement transformé en un plan global d'amaigrissement.

Ce plan respecte la psychologie particulière du gros et intègre les conditions indispensables à la réussite de tout amaigrissement que nous venons de passer en revue et que je résume ici :

Protal offre au gros qui tente de maigrir un réseau de consignes précises, une mise sur rails, des étapes et des objectifs qui ne laissent place à aucune interprétation ou transgression.

Mis à part le jeûne et le régime à base de sachets de protéines en poudre, Protal est, de tous les régimes à base d'aliments naturels que j'ai eu l'occasion de pratiquer, celui qui me paraît aujourd'hui le plus performant. La perte de poids initiale obtenue est suffisamment forte et rapide pour lancer le régime et renforcer durablement la motivation.

Protal est un régime peu frustrant qui bannit la pesée des aliments et le décompte des calories et qui fournit un espace de liberté totale sur un certain nombre d'aliments courants.

Protal n'est pas un simple régime, mais un plan d'amaigrissement global que l'on accepte ou refuse comme un tout indissociable. Il se décompose en quatre phases successives :

Protal I

Une phase d'attaque menée avec le « régime des protéines pures » qui permet un démarrage foudroyant, pratiquement aussi rapide que le jeûne ou le régime des protéines en poudre, mais sans leurs inconvénients.

Protal II

Une période de croisière conduite avec le « régime des protéines alternatives » qui permet d'atteindre d'une traite et sans pause le poids choisi.

Protal III

Un régime de consolidation du poids obtenu, destiné à prévenir le phénomène du rebond qui veut qu'après toute baisse rapide de poids, le corps a tendance à reprendre ce poids perdu avec une extrême facilité, période de haute vulnérabilité dont la durée est très précisément de 10 jours pour chaque kilo perdu.

Protal IV

Enfin et surtout, une stabilisation définitive reposant sur une mesure de sécurité simple, peu contraignante et indispensable à la conservation du poids perdu : un jour fixe par semaine du régime Protal à suivre chaque jeudi pour le reste de la vie, constituant une consigne certes stricte et non négociable, mais suffisamment ponctuelle et efficace pour être acceptée sur une si longue durée.

Théorie du plan Protal

Avant d'entrer dans le détail de ce plan, d'expliquer par le menu son mode de fonctionnement et les raisons de son efficacité, il me semble nécessaire de le présenter succinctement au lecteur dans sa globalité et sa structure à quatre étages, et de préciser d'emblée à qui il s'adresse et quelles sont ses éventuelles contre-indications.

Protal ne se contente pas d'être le plus sûr et le plus performant des régimes amaigrissants actuels. C'est un plan global plus ambitieux, un système de consignes à quadruple détente et de sévérité décroissante qui prend en charge le gros dès le premier jour du régime pour ne plus jamais l'abandonner.

L'un des principaux mérites de Protal est sa valeur didactique qui permet à l'obèse d'apprendre sur le terrain et dans sa propre chair l'importance relative de chaque groupe d'aliments en fonction de leur ordre d'intégration dans son alimentation, en commençant par les aliments vitaux, puis en introduisant par paliers successifs les aliments indispensables, les essentiels, puis les importants, pour finir avec les superflus.

L'objectif affiché de Protal est de fournir un réseau de consignes parfaitement articulées entre elles et suffisamment précises et directives pour placer son utilisateur sur des rails qui lui évitent les incessants efforts de volonté qui minent lentement sa détermination.

Ces consignes s'agglomèrent en quatre régimes successifs dont les deux premiers composent la phase d'amaigrissement proprement dite et les deux suivants, la consolidation du poids obtenu puis sa stabilisation définitive.

La période d'attaque, le régime des protéines pures

C'est la période conquérante au cours de laquelle celui ou celle qui démarre un régime est extrêmement motivé et cherche un régime dont l'efficacité et la vitesse d'obtention des premiers résultats, quelle qu'en soit la rigueur, répondent à son attente et lui permettent d'attaquer de front son excès de poids.

Ce régime initial, particulièrement adapté aux marches forcées, c'est le régime des « protéines pures » dont l'objectif théorique est de limiter l'alimentation à un seul des trois nutriments alimentaires : les protéines.

En théorie, à part le blanc d'œuf, il n'existe pas d'aliment exclusivement protéiné. C'est donc un régime qui sélectionne et regroupe un certain nombre d'aliments dont la composition est la plus proche possible de la pureté en protéines, telles certaines catégories de viandes, de poissons, de fruits de mer, de volaille, d'œufs, de laitages à 0 % MG.

Ce régime, comparé à tous les régimes hypocaloriques, est une véritable machine de guerre, un bulldozer devant lequel, lorsqu'il est parfaitement suivi, s'effacent toutes les résistances. C'est, de très loin, le plus performant et le plus rapide des régimes non dangereux et à base d'aliments, qui révèle toute son efficacité dans les cas les plus difficiles, notamment celui de la femme en préménopause sujette à la rétention d'eau et aux ballonnements, ou de la femme en ménopause confirmée dans la période critique d'instauration du traitement hormonal. Il est également très efficace appliqué à des sujets réputés résistants pour avoir suivi et abandonné de trop nombreux régimes ou traitements agressifs.

La période de croisière, le régime des protéines alternatives

Comme son nom l'indique, ce régime fonctionne en faisant alterner de manière répétitive deux régimes articulés l'un à l'autre, le régime des protéines pures, puis ce même régime additionné de tous les légumes verts ou cuits. Chaque cycle de cette alternance fonctionne comme l'injection-combustion d'un moteur à deux temps qui brûle son quota de calories.

C'est ce régime des *Prot*éines *Al*ternatives et sa contraction en *Prot-Al* qui ont donné son nom à l'ensemble de la méthode.

L'alternance des régimes

Le premier comme le second de ces régimes offre la même totale liberté sur les quantités. Tous deux permettent de consommer les aliments autorisés « à volonté », à quelque heure de la journée et dans les proportions et le mélange qui conviennent à chacun, ce qui offre à la fois un espace d'entière liberté et un moyen efficace de neutraliser la faim en mangeant et de compenser des envies qualitatives par des satisfactions quantitatives.

En fonction de l'importance du poids à perdre, du nombre de régimes précédemment suivis, de l'âge et de la motivation du candidat, le rythme d'alternance de ces deux régimes s'établira en fonction de normes précises qui seront détaillées ultérieurement.

Cette phase d'attaque, qui commence par des pertes de poids souvent impressionnantes, doit être conduite sans pause jusqu'à obtention du poids recherché. Bien que dépendant en partie des expériences défectueuses du passé, le régime des protéines alternatives reste un de ceux qui subit le moins l'effet de vaccination induit par les amaigrissements préalables.

Palier de consolidation du poids obtenu : 10 jours par kilo perdu

Après la phase conquérante, c'est la phase pacificatrice du plan Protal dont la mission essentielle est de rouvrir l'alimentation à un contingent d'aliments nécessaires, en évitant le classique effet de rebond qui fait suite aux pertes de poids importantes.

Tout au long de la phase d'attaque et de manière de plus en plus marquée à mesure que le régime dure, l'organisme tente de résister. Il réagit au pillage de ses réserves en réduisant progressivement ses dépenses d'énergie et surtout en intensifiant le plus possible le rendement et l'assimilation de tout aliment consommé.

Le gros victorieux se retrouve donc assis sur un volcan et en possession d'un corps qui n'attend que le moment propice pour refaire ses réserves perdues. Un repas copieux qui n'aurait eu que peu d'effets avant le début du régime sera lourd de conséquences en fin de régime.

Pour cette raison, l'ouverture du régime portera sur des aliments plus riches et gratifiants, mais dont la variété et la quantité seront limitées pour attendre sans risque le retour au calme des métabolismes exacerbés par la perte de poids.

Seront donc introduits deux tranches de pain quotidiennes, une portion de fruits et de fromage par jour, deux rations de féculents hebdomadaires et surtout deux repas de gala par semaine.

Le rôle de ce premier palier de stabilisation est donc d'éviter ce rebond explosif qui est la plus immédiate et l'une des plus fréquentes causes d'échec des régimes amaigrissants. L'introduction d'aliments aussi importants que le pain, les fruits, le fromage, certains féculents et l'accès à certains plats ou aliments superflus mais lourds de plaisir, sont désormais indispensables, mais nécessitent un ordre d'introduction et une batterie de consignes suffisamment précises et encadrantes pour le faire sans dérapage. C'est le rôle de ce premier rempart de protection du poids perdu.

Sa durée, liée à l'importance du poids perdu, se calcule très simplement sur la base de 10 jours par kilo de poids perdu.

Stabilisation ultime au long cours

Après la perte de poids et l'évitement du rebond obtenu avec l'aide d'un réseau rassurant de consignes et de contraintes acceptées, le gros victorieux et souvent euphorique sait d'instinct que cette victoire est fragile et que, privé d'encadrement, il sera tôt ou tard – et plus souvent tôt que tard – livré à ses vieux démons. Mais d'un autre côté, il sait encore plus sûrement qu'il ne pourra

jamais acquérir l'équilibre et la mesure alinᵏ
que la plupart des nutritionnistes, avec raison, ᵣ.
conseillent comme garantie de préservation du poids
perdu.

Protal, dans cette quatrième phase, lui propose
une journée hebdomadaire du régime d'attaque initial, le régime des protéines pures, à la fois la plus
efficace et la plus contraignante de ses armes,
chaque jeudi pour le reste de sa vie.

Aussi paradoxal que cela puisse paraître, le gros
parvenu au poids souhaité est capable un jour par
semaine de fournir un tel effort, car là encore, il
s'agit d'une consigne très précise, bien délimitée
dans le temps et, surtout, cette mesure ponctuelle
et non négociable porte immédiatement ses fruits
en lui permettant de manger normalement les six
autres jours de la semaine sans reprendre de poids.

LE PLAN PROTAL EN RÉSUMÉ

Régime d'attaque : le Protal pur
Durée moyenne : cinq jours

Régime de croisière : protéines alternatives
Durée moyenne : une semaine par kilo

Régime de consolidation du poids perdu
Durée moyenne : dix jours par kilo perdu

Régime de stabilisation définitive
Un jour de Protal pur chaque jeudi à vie

NOTIONS DE NUTRITION NÉCESSAIRES

Le trio G-L-P :
Glucides – Lipides – Protides

L'alimentation universelle, tant humaine qu'animale, fournit un nombre impressionnant d'aliments comestibles, mais tous ces aliments ne sont formés que de trois nutriments : les glucides, les lipides et les protides. Chaque aliment tire son goût, sa texture et son intérêt nutritionnel du mélange particulier de ces trois nutriments.

Inégalité qualitative des calories

Il fut un temps où les experts en nutrition n'accordaient d'importance qu'à la seule valeur calorique des aliments et des repas, et ne composaient leurs régimes amaigrissants que sur le seul décompte calorique, ce qui fut à l'origine d'échecs longtemps inexpliqués.

Aujourd'hui, la plupart d'entre eux ont abandonné cette vision exclusivement quantitative pour s'intéresser davantage à l'origine de ces calories, à la nature du nutriment qui les fournit, au mélange de nutriments qui composent le bol alimentaire et même à l'heure d'ingestion de ces calories.

Il est ainsi aujourd'hui prouvé que 100 calories fournies par du sucre blanc, de l'huile ou du poisson, ne sont pas traitées de la même manière par l'organisme et que le profit final de ces calories après assimilation varie beaucoup en fonction de leur origine.

Il en va de même de l'heure à laquelle ces calories sont consommées et il est classique aujourd'hui d'accepter l'idée, hier incongrue, que les calories du matin sont moins profitables que celles du midi et davantage encore que celles du soir.

Indépendamment de sa configuration adaptée au profil spécifique du gros, l'efficacité du plan Protal et des quatre régimes qui le composent s'explique par la sélection très particulière des nutriments qui entrent dans la composition des aliments proposés, notamment par l'importance extrême qu'il accorde aux protéines, tant dans la phase d'attaque que dans la stabilisation au long cours.

Il est donc indispensable, notamment pour ceux qui n'ont pas de connaissances particulières en ce domaine, de dresser un tableau comparatif de ces trois nutriments pour mieux mettre en évidence le mode d'action original du plan Protal.

Les glucides ou hydrates de carbone

Cette catégorie d'aliments, très répandue et très appréciée, a toujours fourni à l'homme, quel que soit le lieu, l'époque ou la culture, plus de 50 % de sa ration énergétique.

Pendant des millénaires, à part les fruits et le miel, les seuls glucides consommés par l'homme étaient ce que l'on appelle aujourd'hui des sucres lents, céréales, féculents, légumineuses, etc. Leur particularité est d'être absorbés de manière progressive, d'élever modérément la glycémie et d'éviter ainsi les décharges réactionnelles d'insuline dont on connaît aujourd'hui toutes les conséquences néfastes sur la santé et tout particulièrement sur la prise de poids.

Depuis la découverte de l'extraction du sucre blanc à partir de la canne à sucre puis, à plus grande échelle, de la betterave, l'alimentation humaine a été modifiée en profondeur par l'invasion sans cesse croissante des aliments au goût sucré et des glucides à pénétration rapide.

Carburant alimentaire par excellence, les glucides conviennent très bien au sportif, au travailleur de force ou à l'adolescent. Mais ils sont loin d'être aussi utiles à la grande majorité des sédentaires qui composent aujourd'hui nos sociétés.

Le sucre blanc et tous ses dérivés, friandises, bonbons, sont des hydrates de carbone à l'état pur, à la fois riches et de pénétration ultra-rapide.

Les féculents, même si leur goût n'est pas sucré, sont aussi très riches en glucides. Ce sont : les farineux (pain, surtout le pain blanc, crackers, biscottes, céréales, etc.), les pâtes alimentaires, les pommes de terre, les pois, les légumineuses, lentilles, flageolets, etc.

Les fruits les plus riches en glucides sont la banane, les cerises et le raisin.

Le vin et tous les alcools.

Les pâtisseries, combinaison savoureuse de farineux, de sucre, mais bien davantage encore de corps gras.

Les glucides ne fournissent que quatre calories au gramme, mais leur ration est habituellement conséquente et leur facture calorique élevée. Ils sont aussi parfaitement assimilés, ce qui améliore encore leur rendement énergétique.

De plus, féculents et farineux ont une digestion lente produisant fermentations et gaz à l'origine de ballonnements tout aussi désagréables qu'inesthétiques.

La plupart des glucides sont des aliments au goût très apprécié, tant les féculents et les farineux que les glucides au goût sucré. Cette affinité pour la saveur sucrée est en partie innée, mais la plupart des psychologues s'accordent pour y voir le résultat d'un long conditionnement qui, dès l'enfance, fait jouer à l'aliment sucré un rôle gratifiant en l'assimilant à une récompense.

Enfin, les glucides sont presque toujours des aliments dont le prix de revient est relativement bas, ce qui en fait des aliments présents sur toutes les tables, des plus riches aux plus démunies.

En conclusion, les glucides sont des aliments à la fois riches, omniprésents et de goût si apprécié qu'ils servent bien souvent d'aliments de gratification et, pour les aliments sucrés, d'aliments de grignotage parfois compulsifs.

Sur le plan métabolique, ils facilitent la sécrétion d'insuline qui favorise la production et le stockage des graisses.

De toutes ces raisons, il résulte que le glucide est un aliment dont le prédisposé à la surcharge a longtemps dû se méfier. Cette méfiance a tendance aujourd'hui à se déplacer sur le corps gras qui est devenu à juste titre l'ennemi privilégié du gros. Ce n'est pas une raison pour baisser la garde, notamment au cours de la phase d'attaque qui doit être aussi performante et rapide que possible.

Le plan Protal exclut totalement tout glucide en phase d'attaque. Au cours de la période de croisière et jusqu'à obtention du poids désiré, il n'autorise que les légumes dont la teneur en sucre est extrêmement faible. Les glucides refont leur apparition au cours de la période de consolidation mais ne retrouvent une totale liberté six jours sur sept qu'en phase de stabilisation ultime.

Les lipides

Le lipide est par excellence l'ennemi de tout candidat à la minceur puisqu'il représente, pour toute espèce vivante, la forme la plus concentrée sous laquelle l'énergie excédentaire est stockée. Consommer de la graisse consiste donc à s'approprier les réserves d'un animal, ce qui, en théorie comme en pratique, a toutes les chances de faciliter la prise de poids.

Depuis l'apparition du régime Atkins qui a largement ouvert ses portes aux lipides en diabolisant les glucides, de nombreux régimes ont adopté ce point de vue à sensations qui avait si bien réussi à son promoteur. Il est clair que ce fut une erreur majeure pour deux raisons : l'élévation dangereuse des taux de cholestérol et de triglycérides que certains ont payé de leur vie, et la perte de méfiance envers le corps gras interdisant à jamais toute forme possible de stabilisation.

Il existe deux grandes sources de lipides : les graisses animales et les graisses végétales.

La graisse animale, retrouvée à l'état pratiquement pur dans le lard et le saindoux du porc, est très présente dans certaines charcuteries comme les pâtés, saucissons, saucisses, rillettes, etc. Mais bien d'autres animaux peuvent aussi en fournir. Le mouton et l'agneau, et certaines volailles comme l'oie et le canard en sont très riches. Le bœuf est bien moins gras, notamment pour ses morceaux à griller ; seules l'entrecôte et la côte sont des morceaux franchement persillés. Le cheval, en revanche, est une viande maigre.

Le beurre, issu de la crème du lait, est un lipide pratiquement pur. La crème fraîche, plus aqueuse, n'en reste pas moins grasse et sa teneur en lipides avoisine les 80 %.

Parmi les poissons, il existe cinq grands fournisseurs de gras qui sont faciles à reconnaître à leur goût onctueux et à leur peau bleue : ce sont la sardine, le thon, le saumon, le maquereau et le hareng. Il faut savoir que ces cinq poissons, aussi gras soient-ils, ne le sont guère plus qu'un steak de bœuf ordinaire et surtout que leur graisse de poissons des mers froides est très riche en acides gras oméga 3, réputés pour leur action de prévention des maladies cardio-vasculaires.

Les lipides végétaux sont essentiellement représentés par le grand registre des huiles et la famille des oléagineux.

L'huile est encore plus grasse que le beurre. Et si certaines huiles comme l'huile d'olive, de colza ou de tournesol ont des qualités nutritionnelles et une action de protection avérée sur le cœur et les vaisseaux, toutes les huiles ont la même valeur calorique et sont toutes à proscrire au cours des régimes amaigrissants, à éviter au cours des régimes de consolidation et à tenir en méfiance en stabilisation ultime. Quant aux oléagineux, cacahuètes, noix, noisettes, pistaches, etc., ce sont des aliments de grignotage automatique habituellement consommés à l'heure de l'apéritif et dont l'association à une boisson alcoolisée majore fortement la facture calorique du repas suivant.

Pour le candidat à la minceur ou plus encore pour celui ou celle qui tente de maigrir, le lipide est porteur de tous les dangers.

- C'est d'abord, et de loin, le plus calorique des nutriments : 9 calories au gramme, soit deux fois plus que le glucide ou la protéine, qui ne fournissent que 4 calories au gramme.

- Le lipide est un nutriment dont les aliments qui en sont riches se consomment rarement seuls. L'huile, le beurre, la crème fraîche attirent le pain, les féculents, les pâtes, la vinaigrette, dont la combinaison élève considérablement la facture calorique globale.

- Les corps gras s'assimilent un peu moins vite que les sucres rapides mais nettement plus que les protéines, et leur rendement énergétique comparé s'élève d'autant.

- Les aliments gras ne réduisent que modérément l'appétit, et leur grignotage, contrairement à celui d'aliments protéinés, ne réduit pas l'importance du repas suivant et ne repousse pas son horaire.

- Enfin, les lipides d'origine animale, beurre, charcuterie, fromages gras dont la teneur en acides gras est élevée, représentent une menace potentielle pour le cœur. Pour cette raison, ils ne peuvent en aucun cas, comme ce fut le cas pour le régime Atkins et ceux qui s'en inspirèrent, bénéficier d'une totale liberté de consommation.

Les protides

Les protides représentent le troisième nutriment universel. Ils forment un large groupe de produits azotés parmi lesquels se distingue la classe des protéines, les plus longues molécules entrant dans la constitution des êtres vivants. Les aliments les plus riches en protéines proviennent du règne animal. Leur source la plus prestigieuse est la viande.

De toutes les viandes animales, c'est le cheval qui en contient le plus. Le bœuf est déjà plus gras, mais certains morceaux maigres en sont tout aussi pourvus.

Les viandes de mouton et d'agneau sont nettement plus persillées et leur infiltration en graisse qui atténue leur couleur réduit leur teneur en protéines. Enfin, le porc, encore plus gras, n'est plus assez riche en protéines pour appartenir au groupe restreint des aliments essentiellement protéinés.

Les abats d'animaux sont très riches en protéines, très pauvres en graisses et en glucides à l'exception du foie qui contient une petite dose de sucre.

La volaille, à l'exception de l'oie et du canard de basse-cour, offre une viande relativement maigre et très riche en protéines, notamment la dinde et certains morceaux maigres du poulet comme le blanc de l'aile.

Les poissons, notamment les poissons blancs particulièrement maigres comme la sole, la raie, le cabillaud ou le colin, sont une mine de protéines de très haute valeur biologique. Les poissons des mers froides tels le saumon, le thon, la sardine ou le maquereau ont une chair plus grasse, ce qui réduit légèrement leur teneur en protéines ; ils n'en restent pas moins d'excellents fournisseurs de protéines, rares générateurs d'onctuosité de bouche et éminemment protecteurs de la santé cardio-vasculaire.

Les crustacés et coquillages sont à la fois maigres et sans glucides, donc riches en protéines. Les crustacés sont traditionnellement déconseillés pour leur teneur en cholestérol, mais ce dernier est concentré dans le corail de la tête de l'animal et non dans la chair, ce qui permet de consommer sans crainte crevettes, crabes et autres fruits de mer, si l'on prend la précaution d'en écarter le corail.

L'œuf est une source intéressante de protéines. Le jaune est mêlé à des lipides et suffisamment de cholestérol pour devoir en éviter l'abus en cas de prédisposition. En revanche, le blanc est la plus pure et la plus complète des protéines connues, ce qui lui confère le statut de protéine de référence permettant de classer toutes les autres protéines.

Les protéines végétales se trouvent dans la plupart des céréales et des légumineuses, mais elles sont beaucoup trop riches en glucides pour pouvoir être intégrées à un régime qui tire son efficacité de sa pureté en ce nutriment. De plus, mis à part le soja, ces protéines végétales ont une médiocre valeur biologique et manquent cruellement de certains acides aminés indispensables, ce qui interdit leur emploi exclusif prolongé.

L'homme est un chasseur carnivore

Il est important de savoir que l'homme a émergé de sa condition animale en devenant carnivore. Ses ancêtres simiesques, à l'exemple des grands singes anthropoïdes actuels, étaient essentiellement végétariens même si, occasionnellement, certains d'entre eux n'hésitaient pas à chasser d'autres animaux pour se nourrir. C'est donc en devenant un chasseur collectif et par là un consommateur de viande qu'il a pu acquérir ses facultés purement humaines. Son organisme possède donc tout un système digestif et éliminatoire qui lui permet encore aujourd'hui une consommation non limitée de viandes et de poissons.

Digestion, déperdition calorique et rassasiement

La digestion des protéines est la plus longue et la plus laborieuse de toutes les catégories d'aliments. Il faut plus de trois heures pour désintégrer et assimiler des protéines. La raison en est simple. Ses molécules sont de longues chaînes aux maillons fortement soudés nécessitant l'action combinée d'une bonne mastication, d'une laborieuse trituration mécanique de l'estomac et surtout l'attaque conjuguée de différents sucs pancréatiques pour venir à bout de leur résistance.

Ce long travail d'extraction des calories coûte très cher à l'organisme et l'on a calculé que pour parvenir à soutirer 100 calories d'un aliment protidique, il fallait en dépenser près de 30. On résume cette particularité en disant que l'action dynamique spécifique des protéines est de 30 %, alors qu'elle n'est respectivement que de 12 % pour les lipides et de 7 % pour les glucides.

Ce qu'il convient de retenir de cela, c'est que lorsqu'un candidat à l'amaigrissement consomme de la viande, du poisson ou un yaourt maigre, le simple fait de le digérer et de l'assimiler lui impose un travail, une perte de calories qui réduit l'apport énergétique de son repas. Cette caractéristique lui est donc particulièrement favorable. Nous y reviendrons plus longuement lors de l'explication du mode d'action du régime des protéines pures.

De plus, la lenteur de cette digestion et assimilation retarde la vidange gastrique et augmente la sensation de réplétion et de rassasiement.

Le seul nutriment vital et indispensable à chaque repas

Des trois nutriments universels, seules les protéines sont indispensables à notre existence.

Le glucide est des trois nutriments le moins nécessaire car l'organisme humain sait fabriquer du glucose, c'est-à-dire du sucre, à partir de viande ou de corps gras. C'est ce qui se passe lorsque, privés d'aliments ou au régime, nous puisons de la graisse de nos réserves pour la transformer en glucose indispensable au fonctionnement de nos muscles et de notre cerveau.

Il en va de même des lipides que l'obèse est expert dans l'art de fabriquer et de stocker à partir de ses excès de sucreries ou de viandes.

En revanche, l'homme ne dispose pas des moyens métaboliques de synthétiser des protéines. Or le simple fait de vivre, d'assurer la maintenance du système musculaire, le renouvellement des globules rouges, la cicatrisation des plaies, la pousse des cheveux et jusqu'au fonctionnement de la mémoire, toutes ces opérations vitales nécessitent des protéines, un minimum quotidien d'un gramme par kilo de poids corporel.

En cas d'insuffisance d'apport, l'organisme est contraint de puiser dans ses propres réserves, principalement ses muscles mais aussi sa peau ou même ses os. C'est ce qui se passe lorsque l'on suit des régimes déraisonnables tels le jeûne hydrique à base d'eau et de rien d'autre ou le régime de Beverley Hills, composé exclusivement de fruits exotiques, célèbre régime des stars d'Hollywood qui ont dû y laisser, si elles l'ont réellement suivi, une part notable de leur pouvoir de séduction.

Le candidat à l'amaigrissement doit donc savoir qu'un régime, aussi restrictif soit-il, ne doit jamais fournir moins d'un gramme de protéines par jour et par kilo de son propre poids et surtout que cet apport doit être réparti uniformément sur les trois repas. Un petit déjeuner insuffisant, un repas de midi composé d'un chausson aux pommes et d'une barre chocolatée et un dîner formé d'une pizza et d'un fruit sont autant de repas carencés en protéines et autant d'occasions de faner sa peau et de détériorer la consistance générale de son corps.

Faible valeur calorique des protéines

Un gramme de protéines ne fournit que quatre calories au gramme, deux fois moins que le corps gras mais autant que le sucre. Toutefois, la grande différence tient au fait que les aliments les plus riches en protéines n'en sont jamais aussi concentrés que le sucre de table peut l'être en glucides, ou que l'huile ou le beurre peuvent l'être en lipides.

Toutes les viandes, poissons et autres protéines alimentaires ne fournissent que 50 % de protéines assimilables, le reste n'est que déchet ou tissu annexe inutilisable. Une escalope de dinde ou un steak de 100 g ne fournissent donc que 200 calories et lorsque l'on se souvient que l'organisme doit encore fournir 30 % de la valeur calorique, soit 60 calories pour simplement les assimiler, il ne reste plus de ces aliments savoureux et rassasiants que 140 calories, soit la valeur d'une simple cuiller à soupe d'huile que l'on juge si inoffensive en la jetant sur quelques feuilles de salade. C'est là, sur cette simple constatation, que l'on aperçoit l'importance capitale que peut prendre l'utilisation d'un régime qui oserait, pour une période limitée, ne proposer que des protéines.

Deux inconvénients des protéines

• **Des aliments coûteux :** le prix de revient des aliments protéinés est relativement élevé : la viande, le poisson, les fruits de mer peuvent grever un budget modeste. Les œufs, la volaille, les abats sont plus abordables mais ramenés au gramme, c'est tout de même la catégorie d'aliment la plus luxueuse. Fort heureusement, depuis quelques décades, l'arrivée des laitages à 0 % MG a permis de fournir des protéines d'excellente qualité à des prix qui permettent de compenser la cherté du repas protéique.

• **Des aliments riches en déchets :** contrairement à la plupart des autres aliments, les aliments protéiques ne sont pas totalement désintégrés et, au terme de leur dégradation, subsiste dans l'organisme un certain nombre de déchets tel l'acide urique qui doivent être éliminés. En théorie, une consommation élevée de ces aliments serait donc censée augmenter la teneur de ces déchets et gêner des personnes qui y seraient sensibles ou prédisposées. En pratique, l'organisme humain et tout particulièrement le rein, possède un certain nombre de mécanismes d'élimination qui s'acquittent parfaitement de cette tâche, mais pour la réaliser, le rein a impérativement besoin d'une quantité accrue d'eau. Le rein filtrera le sang de son acide urique à la condition expresse d'intensifier sa consommation habituelle d'eau.

J'ai eu l'occasion de recenser une soixantaine de cas de sujets prédisposés à la goutte ou ayant eu des calculs d'acide urique et ayant suivi un régime riche en protéines mais ayant accepté d'associer une consommation quotidienne de trois litres d'eau. Ceux qui suivaient un traitement de protection l'ont conservé, les autres n'y ont pas été soumis. Aucun d'entre eux n'a vu son taux d'acide urique s'élever au cours de ce régime. Un tiers a même vu son taux se réduire.

Il est donc essentiel de penser à boire au cours de toute alimentation riche en protéines, surtout lors des phases composées exclusivement d'aliments protéinés.

En conclusion

Il convient de mettre en évidence un certain nombre de principes fondamentaux qu'un bon régime amaigrissant se doit de respecter :

- Le grand ennemi de celui ou de celle qui s'apprête à entamer un régime amaigrissant est sans conteste le lipide ou corps gras tant animal que végétal. Sans même tenir compte de la teneur en lipides des viandes et des poissons, le seul décompte des huiles de sauces et de friture, du beurre ou de la crème de préparation des garnitures ainsi que des graisses de fromages et de charcuteries, suffit à accorder à ces lipides la palme de l'apport calorique. Un régime efficace et cohérent doit donc commencer par réduire ou éliminer les aliments qui en sont riches.

- Il faut aussi savoir que les graisses animales sont les seuls pourvoyeurs de cholestérol et de triglycérides. Il convient donc de les réduire systématiquement en cas de prédisposition au risque cardio-vasculaire.

- L'autre ennemi du candidat à la minceur est le glucide simple. Non pas le sucre lent de la céréale complète ou de la légumineuse mais le sucre rapide, le sucre de table d'assimilation parfois instantanée et dont la seule présence facilite le passage et l'absorption du reste. Camouflé derrière son goût sucré, aliment de grignotage par excellence, il peut faire oublier sa haute concentration en calories.

- Les protéines ont une valeur calorique modérée : 4 calories au gramme.

- Les aliments les plus riches en protéines comme la viande ou le poisson possèdent une trame de tissu conjonctif très résistante à la digestion qui rend leur assimilation incomplète. Le manque à gagner énergétique lié à cette caractéristique des protéines est une manne pour le gros au régime qui est par définition un grand assimilateur de calories, faisant habituellement son miel de toute nourriture.

- L'action dynamique spécifique des protéines représente le coût calorique de leur désintégration au cours de la digestion. Cette dépense se déduit de leur apport énergétique et réalise une économie supplémentaire de 30 %, bien supérieure à celles de tous les autres aliments.

- Ne jamais pratiquer un régime comprenant moins de 60 à 80 g de protéines pures sous risque de piller ses propres muscles ou de faner sa peau.

- Ne pas craindre l'acide urique, déchet naturel des protéines, totalement éliminé par l'adjonction quotidienne d'un litre et demi d'eau.

- Se souvenir que plus l'assimilation d'un aliment est lente, plus tardivement réapparaîtra la faim. Les aliments sucrés sont les plus rapidement et les plus massivement absorbés et assimilés, viennent ensuite les aliments gras et seulement après les protéines. Ceux qui sont perpétuellement traqués par la faim tireront eux-mêmes leurs conclusions.

LES PROTÉINES PURES

Moteur du plan Protal

Protal est un plan composé de quatre régimes successifs qui s'articulent l'un à l'autre pour conduire le gros au poids fixé et y rester.

Ces quatre régimes successifs et d'efficacité décroissante sont conçus pour entraîner respectivement :

- Le premier, un démarrage éclair et une perte de poids intense et stimulante.

- Le deuxième, un amaigrissement régulier conduisant d'un seul tenant jusqu'au poids désiré.

- Le troisième, une consolidation du poids fraîchement acquis et encore instable pendant une durée fixée à 10 jours pour chaque kilo perdu.

- Le quatrième, une stabilisation définitive au prix d'une journée hebdomadaire de régime à conserver pour le reste de la vie.

Chacun de ces quatre régimes a un mode d'action et une mission particulière à accomplir, mais tous quatre tirent leur force et leur efficacité décroissante de l'utilisation du régime des protéines pures, d'abord pure en attaque, puis alternative en croisière, puis équilibrée en consolidation et enfin hebdomadaire en stabilisation définitive.

C'est avec ce régime utilisé pur et sans partage, sur une durée variant selon le cas de 2 à 7 jours, que Protal démarre puissamment en créant un effet de surprise.

C'est ce même régime qui, utilisé en alternance, confère sa puissance et son rythme au régime des Protéines Alternatives menant d'un seul tenant jusqu'à obtention du poids désiré.

C'est lui encore qui, utilisé ponctuellement, constitue le pilier de la phase de consolidation, période de transition entre l'amaigrissement pur et dur et le retour à une alimentation normale.

C'est lui enfin qui, en une seule journée par semaine mais pour le reste de la vie, autorise une stabilisation définitive permettant, en échange de cet effort ponctuel, de vivre en se nourrissant sans culpabilisation ni restriction particulière les six autres jours de la semaine.

Si le régime des protéines pures est le moteur du plan Protal et de ses quatre régimes intégrés, il nous faut maintenant, avant de passer à la mise en pratique du plan Protal, décrire le mode d'action très particulier de ce régime, en expliquer l'impressionnante efficacité afin d'en utiliser toutes les ressources.

Comment fonctionne le régime des protéines pures ? C'est l'objet de ce chapitre.

Ce régime ne doit apporter que des protéines

Où trouve-t-on les protéines pures ?

Les protéines forment la trame de la matière vivante, tant animale que végétale, c'est dire qu'on les trouve dans la plupart des aliments connus. Mais le régime des protéines, pour développer son mode d'action particulier et toutes ses potentialités, doit être composé d'aliments aussi proches que possible de la pureté en protéines. En pratique, mis à part le blanc d'œuf, aucun aliment ne dispose de cette pureté.

Les végétaux, aussi protéinés soient-ils, sont toujours trop riches en glucides, c'est le cas de toutes les céréales et de tous les farineux, légumineuses et divers féculents, y compris le soja, connu pour la qualité de ses protéines mais trop gras et trop riche en glucides, ce qui rend tous ces végétaux inutilisables ici.

Il en va de même des aliments d'origine animale, plus protéinés que les végétaux mais dont la plupart sont trop gras. C'est le cas du porc, du mouton et de l'agneau, de certaines volailles trop grasses comme le canard et l'oie, de très nombreux morceaux du bœuf et du veau.

Il existe cependant un certain nombre d'aliments d'origine essentiellement animale qui, sans atteindre la pureté protéique, s'en rapprochent et qui, de ce fait, seront les principaux acteurs du plan Protal.

- Le cheval à l'exception de la hampe.

- Le bœuf, à l'exception de l'entrecôte, de la côte et de tous les morceaux à braiser et du pot-au-feu.

- Le veau à griller.

- La volaille à l'exception du canard et de l'oie.

- Tous les poissons, y compris les poissons bleus dont la graisse, éminemment protectrice pour le cœur et les artères humains les rend acceptables ici.

- Les crustacés et les coquillages.

- Les œufs dont la pureté protéique du blanc est entachée par la légère teneur en graisse du jaune.

- Les laitages maigres sont très riches en protéines et totalement dépourvus de matières grasses. Ils contiennent néanmoins quelques traces de glucides, notamment ceux qui sont édulcorés à l'aspartam et aromatisés à la pulpe de fruits. La faiblesse de cette teneur en glucides et l'importance gustative de ces aliments leur permettent cependant de conserver leur place dans cette sélection des aliments essentiellement protéinés qui composent la force de frappe du plan Protal.

Comment agissent les protéines ?

La pureté des protéines réduit leur apport calorique

Toutes les espèces animales se nourrissent d'aliments composés d'un mélange des trois seuls nutriments connus : les protéines, les lipides et les glucides. Mais pour chaque espèce, il existe une proportion idéale et spécifique de ces trois nutriments. Chez l'homme elle est schématiquement de 5-3-2, soit 5 parts de Glucides, 3 parts de Lipides et 2 parts de Protéines, composition assez proche de celle du lait maternel.

Lorsque la composition du bol alimentaire respecte ce nombre d'or spécifique, l'assimilation des calories dans l'intestin grêle s'effectue avec une efficacité maximum et son rendement est tel qu'il peut faciliter la prise de poids.

À l'inverse, il suffit de modifier cette proportion optimale pour perturber l'absorption des calories et réduire d'autant le rendement des aliments. Sur le plan théorique, la modification la plus radicale qui puisse se concevoir, celle qui réduirait le plus intensément l'absorption des calories, serait de restreindre l'alimentation à la consommation d'un seul nutriment.

En pratique, bien que cela ait été tenté aux États-Unis pour les glucides (régime de Beverley Hills ne fournissant que des fruits exotiques) et avec les graisses (régime Esquimau), l'alimentation réduite aux seuls sucres ou aux seules graisses est difficilement réalisable et lourde de conséquences. L'excès de sucres faciliterait l'apparition du diabète et l'excès de graisses, en dehors de l'écœurement inévitable, constituerait un risque majeur d'encrassement du système cardio-vasculaire. De plus, l'absence de protéines indispensables à la vie obligerait l'organisme à les prélever sur ses réserves musculaires.

L'alimentation limitée à un seul nutriment n'est donc concevable que pour les protéines, solution à la fois acceptable sur le plan gustatif, évitant le risque d'encrassement artériel et qui, par définition, exclut toute carence protidique.

Lorsque l'on parvient à instaurer une alimentation limitée à l'unique nutriment protéique, l'organe assimilateur a le plus grand mal à travailler sur un bol alimentaire pour lequel il n'est pas programmé et ne peut profiter pleinement de son contenu calorique. Il se retrouve dans la situation d'un moteur « 2 temps » de scooter ou de bateau conçu pour fonctionner avec un mélange d'essence et d'huile que l'on tenterait d'utiliser avec de l'essence pure et qui, après avoir pétaradé, s'étoufferait faute de pouvoir utiliser son carburant.

Dans de telles conditions, l'organisme se contente de puiser les protéines indispensables à l'entretien de ses organes (muscles, globules, peau, cheveux, ongles) et utilise mal et peu le reste des calories fournies.

L'assimilation des protéines entraîne une forte dépense calorique

Pour comprendre cette deuxième propriété des protéines qui contribue à l'efficacité de Protal, il est nécessaire de se familiariser avec la notion d'ADS ou action dynamique spécifique des aliments. L'ADS représente l'effort ou la dépense que doit investir l'organisme pour désintégrer un aliment jusqu'à le réduire à l'état de chaînon de base, seule forme sous laquelle il est admis à passer dans le sang. Cela représente un travail dont l'importance varie avec la consistance et la structure moléculaire de l'aliment.

Lorsque vous consommez 100 calories de sucre de table, glucide rapide par excellence composé de molécules simples et peu agrégées, vous l'assimilez rapidement, et ce travail d'absorption ne coûte que 7 calories à l'organisme. Il en reste donc 93 d'utilisables. L'ADS des hydrates de carbone est de 7 %.

Lorsque vous consommez 100 calories de beurre ou d'huile, l'assimilation est un peu plus laborieuse et ce travail vous coûte 12 calories, ne laissant à l'organisme que 88 calories résiduelles. L'ADS des lipides passe alors à 12 %.

Enfin, pour assimiler 100 calories de protéines pures, blanc d'œuf, poisson maigre ou fromage blanc maigre, l'addition est énorme car les protéines sont composées d'un agrégat de très longues chaînes de molécules dont les chaînons de base, les acides aminés, sont liés entre eux par un ciment très fort qui exige un travail infiniment plus coûteux. Cette dépense calorique de simple absorption est de 30 calories, ne laissant plus à l'organisme que 70 calories, soit une A.D.S. de 30 %.

L'assimilation des protéines, véritable travail interne, est responsable d'un dégagement de chaleur et d'une élévation de la température du corps qui explique pourquoi il est déconseillé de se baigner en eau fraîche après un repas riche en protéines, l'écart de température pouvant occasionner une hydrocution.

Cette caractéristique des protéines, gênante pour les baigneurs pressés, représente une bénédiction pour le gros si doué dans l'art d'assimiler les calories. Elle va lui permettre de réaliser une économie indolore qui lui permettra de se nourrir plus confortablement sans en subir la sanction immédiate.

En fin de journée, pour une consommation protéique de 1 500 calories, ce qui représente un apport substantiel, il ne reste plus dans l'organisme après digestion que 1 000 calories. C'est là l'une des clefs du plan Protal et l'une des raisons structurelles de son efficacité. Mais ce n'est pas tout…

Les protéines pures réduisent l'appétit

En effet, l'ingestion d'aliments sucrés ou de corps gras, facilement digérés et assimilés génère une satiété superficielle, précocement submergée par le retour de la faim. Des études récentes ont ainsi prouvé que le grignotage d'aliments sucrés ou gras ne retardait, ni la survenue de la faim, ni les quantités ingérées lors du repas suivant. En revanche, le grignotage effectué avec des aliments protéinés repoussait l'heure du repas suivant et y réduisait les quantités ingérées.

De plus, la consommation exclusive d'aliments protéinés entraîne la production de corps cétoniques, puissants coupe-faim naturels responsables d'une satiété durable. Après deux ou trois jours d'une alimentation limitée à des protéines pures, la faim disparaît totalement et Protal peut être poursuivi en évitant la menace naturelle qui pèse sur la plupart des autres régimes : la faim.

Les protéines pures combattent l'œdème et la rétention d'eau

Certains régimes ou types d'alimentation sont connus pour être « hydrophiles » et favoriser la rétention d'eau et les gonflements qui en sont la conséquence immédiate, c'est le cas des régimes à dominante végétale, riches en fruits, en légumes et en sels minéraux.

Les alimentations riches en protéines sont à l'opposé des régimes plutôt « hydrofuges » facilitant l'élimination urinaire et donc l'assèchement des tissus gorgés d'eau, si préoccupants en période prémenstruelle ou au cours de la préménopause.

Le régime d'attaque de Protal, composé exclusivement de protéines aussi pures que possible, est celui qui chasse le mieux l'eau.

Cette caractéristique représente un avantage tout particulier pour la femme. En effet, lorsqu'un homme grossit, c'est principalement parce qu'il mange trop et stocke sous forme de graisse son excédent calorique. Chez la femme, le mécanisme de prise de poids est souvent plus complexe et associé à une rétention d'eau qui freine et réduit les performances des régimes.

À certains moments du cycle menstruel, dans les quatre ou cinq jours qui précèdent les règles ou à certains carrefours de la vie féminine, puberté anarchique, préménopause interminable ou même au cœur de la vie génitale sous l'effet de désordres hormonaux, les femmes, surtout celles qui sont en surcharge, se mettent à retenir l'eau et se sentent devenir spongieuses, ballonnées, soufflées de visage au réveil, ne pouvant ôter les bagues de leurs doigts boudinés et sentant leurs jambes lourdes et leurs chevilles enflées. Cette rétention s'accompagne d'une prise de poids habituellement réversible mais qui peut devenir chronique.

Il arrive même que ces femmes, pour retrouver leur ligne et éviter cet empâtement, se mettent au régime et constatent avec surprise que les petits moyens qui venaient habituellement à bout de ces surcharges demeurent inopérants.

Dans tous ces cas qui ne sont pas si rares, les protéines pures, telles qu'on les retrouve assemblées dans le régime d'attaque de Protal, ont une action à la fois décisive et immédiate. En quelques jours, voire même en quelques heures, les tissus gorgés d'eau s'assèchent avec une sensation de bien-être et de légèreté qui se répercute aussitôt sur la balance et renforce la motivation.

Les protéines pures augmentent la résistance de l'organisme

Il s'agit là d'une propriété bien connue des nutritionnistes et remarquée depuis toujours par le profane. Avant l'éradication antibiotique de la tuberculose, l'une des bases classiques du traitement était la suralimentation avec augmentation notable de la proportion des protéines. À Berck, on forçait même les jeunes adolescents à boire du sang animal. Aujourd'hui, les entraîneurs conseillent une alimentation à forte teneur protéique aux sportifs qui sollicitent beaucoup leur organisme. Les médecins en font autant pour augmenter la résistance à l'infection, dans les anémies ou pour accélérer la cicatrisation des plaies.

Il est utile de se servir de cet avantage car l'amaigrissement, quel qu'il soit, affaiblit toujours un peu l'organisme. J'ai personnellement remarqué que la période inaugurale de Protal composée exclusivement de protéines aussi pures que possible était sa phase la plus stimulante. Certains patients m'ont même signalé qu'elle avait sur eux un effet euphorisant, tant physique que mental et ce, dès la fin de la deuxième journée.

Les protéines pures permettent de maigrir sans perte musculaire ni ramollissement de la peau

Ce constat n'a rien de surprenant si l'on sait que la peau, son tissu élastique ainsi que l'ensemble des muscles de l'organisme sont essentiellement constitués de protéines. Un régime insuffisamment pourvu en protéines obligerait le corps à utiliser celles de ses propres muscles et de sa peau, faisant perdre à cette dernière son élasticité, sans parler de la fragilisation des os souvent déjà menacés de la femme ménopausée. La conjugaison de ces effets produit un vieillissement des tissus, de la peau, des cheveux et de l'apparence générale généralement remarqué par l'entourage et qui peut à lui seul faire interrompre prématurément le régime.

À l'inverse, un régime riche en protéines et, *a fortiori*, un régime composé exclusivement de protéines comme celui qui inaugure le plan Protal, a peu de raison de s'attaquer aux réserves de l'organisme puisqu'il en fournit massivement. Dans ces conditions, l'amaigrissement rapide et tonifiant conserve aux muscles leur fermeté et à la peau son éclat et permet de maigrir sans trop vieillir.

Cette particularité du plan Protal peut paraître secondaire aux femmes jeunes et rondes, musclées et à peau épaisse, mais elle devient capitale pour des femmes qui s'approchent de la ménopause ou qui ont la malchance de posséder une musculature réduite ou surtout une peau délicate et fine. Car, c'est l'occasion d'en parler, on voit aujourd'hui trop de femmes qui gèrent leur silhouette avec pour seul repère la bascule. Le poids ne peut et ne doit pas jouer ce rôle exclusif, l'éclat de la peau, la consistance des tissus et la tonicité générale du corps sont autant de paramètres qui interfèrent dans l'image extérieure d'une femme.

Le problème de l'eau est toujours un peu déroutant. Des avis, des bruits circulent à son sujet, mais très souvent, il se trouve un avis pseudo-autorisé pour affirmer le contraire de ce que vous avez entendu la veille.

Or, le problème de l'eau n'est pas un simple concept de marketing diététique, un hochet destiné à amuser les candidats à l'amaigrissement. C'est une question de première importance qui, malgré l'immense effort combiné de la presse, des médecins, des marchands d'eaux et du simple bon sens, n'a jamais réellement convaincu en profondeur le public et en particulier le sujet au régime.

Pour simplifier, il peut sembler essentiel et prioritaire de brûler ses calories pour obtenir une fonte des réserves de graisses, mais cette combustion pour nécessaire qu'elle soit n'est pas suffisante. Maigrir, c'est tout autant brûler qu'éliminer.

Que penserait une ménagère d'une lessive ou d'une vaisselle lavée mais non rincée. Il en va de même d'un amaigrissement et il est indispensable que sur ce sujet précis, les choses soient claires. Un régime qui ne s'accompagne pas d'une ration d'eau suffisante est un mauvais régime, non seulement peu efficace, mais qui s'accompagne d'une accumulation de déchets nuisibles.

L'eau purifie et améliore les résultats du régime

Un simple constat d'évidence montre que plus l'on boit et plus on urine et plus le rein a la possibilité d'éliminer les déchets provenant des aliments brûlés. L'eau est donc le meilleur des diurétiques naturels. Il est surprenant de constater combien peu de gens boivent suffisamment.

Les mille sollicitations du quotidien retardent puis finissent par occulter la sensation naturelle de soif. Les jours et les mois passant, celle-ci disparaît et ne joue plus son rôle d'avertisseur de la déshydratation des tissus.

Bien des femmes, aux vessies plus sensibles et petites que celles des hommes, hésitent à boire pour éviter les déplacements incessants ou les besoins intempestifs lors d'occupation professionnelle ou au cours des transports ou même par allergie aux toilettes communes.

Or ce qui peut être accepté dans des conditions ordinaires ne l'est plus au cours d'un régime amaigrissant et si les arguments d'hygiène s'avèrent illusoires, il en existe un qui finit toujours par convaincre, c'est celui-ci :

Tenter de maigrir sans boire est non seulement toxique pour l'organisme mais peut réduire ou même bloquer totalement la perte de poids et réduire à néant bien des efforts. Pourquoi ?

Parce que le moteur humain qui consume ses graisses au cours d'un régime fonctionne comme n'importe quel moteur à combustion. L'énergie brûlée dégage de la chaleur et des déchets.

Si ces déchets ne sont pas régulièrement éliminés en amont par le rein, leur accumulation en aval finit tôt ou tard par interrompre la combustion et interdire toute perte de poids, et ce, même avec un régime parfaitement suivi. Il en irait de même pour un moteur de voiture dont on obturerait le pot d'échappement ou d'un feu de cheminée dont on ne nettoierait pas les cendres, tous deux finiraient par s'étouffer et s'éteindre sous l'amoncellement des déchets.

Les errances nutritionnelles du gros et l'accumulation de mauvais traitements et de régimes excessifs ou incohérents finissent par rendre ses reins paresseux. Plus que tout autre, l'obèse a donc besoin d'importantes quantités d'eau pour remettre en fonction ses organes d'excrétion.

Au début, l'opération peut sembler désagréable et fastidieuse, surtout l'hiver, mais en insistant, l'habitude finit par s'installer qui, renforcée par l'agréable sensation de se laver intérieurement et de mieux maigrir, finit souvent par redevenir un besoin.

Eau et protéines pures conjuguées exercent une puissante action sur la cellulite

Cette propriété ne concerne que les femmes car la cellulite est une graisse sous influence hormonale qui s'accumule et demeure emprisonnée aux endroits les plus féminins de l'organisme : les cuisses, les hanches et les genoux.

Dans cette affection rebelle où le régime est bien souvent impuissant, j'ai personnellement constaté que le régime des protéines pures couplé à une réduction du sel et à une consommation intensifiée d'eau peu minéralisée permettait d'obtenir une perte de poids plus harmonieuse avec amincissement modéré mais réel de zones aussi rebelles que la culotte de cheval ou l'intérieur des genoux.

Comparée à d'autres régimes suivis par une même patiente à des moments différents de sa vie, cette combinaison est celle qui, pour un même poids perdu, fournit la meilleure réduction globale du tour de bassin et de cuisses.

Ces résultats s'expliquent par l'effet hydrofuge des protéines et l'intense filtration du rein sous l'apport massif d'eau. L'eau pénètre tous les tissus, y compris dans la cellulite. Elle y entre pure et vierge et en ressort salée et chargée de déchets. À cette action de dessalement et de dégorgement s'ajoute le puissant effet de combustion des protéines pures, le tout concourant à une action, certes modeste et partielle, mais rare et se distinguant de la plupart des autres régimes qui n'ont aucun effet propre sur la cellulite.

À quels moments faut-il boire de l'eau ?

De nombreux reliquats d'information d'un autre âge mais encore en vigueur dans l'inconscient collectif persistent à laisser croire qu'il est préférable de boire en dehors des repas pour éviter la séquestration de l'eau par les aliments.

Non seulement cet évitement des repas n'a pas de fondement physiologique mais dans bien des cas il fonctionne à contre-emploi. Ne pas boire au cours des repas, au moment où la soif survient et où il est si facile et agréable de boire, fait peser le risque d'éteindre la soif et, sous le feu des activités quotidiennes, d'oublier de boire le reste de la journée.

Lors du régime Protal et tout spécialement au cours de sa période d'attaque par les protéines alternatives, il est indispensable, sauf cas exceptionnel de rétention d'eau d'origine hormonale ou d'insuffisance rénale, de boire un litre et demi d'eau, si possible minérale mais aussi sous n'importe quelle autre forme de liquide, thé, café ou tisane.

Un bol de thé au petit déjeuner, un grand verre dans la matinée, deux autres au déjeuner et un café en fin de repas, un verre dans l'après-midi et deux verres au dîner, voilà deux litres facilement bus.

De nombreuses patientes m'ont affirmé que pour boire sans soif, elles avaient pris l'habitude peu élégante, mais à leur dire efficace, de boire directement à la bouteille.

Quelle eau boire ?

- Les eaux les plus appropriées à la période d'attaque, purement protéinée, du plan Protal, sont des eaux peu minéralisées, légèrement diurétiques et laxatives. Les plus connues sont les eaux de Vittel, de Contrexeville, d'Évian ou de Volvic. Évitez donc les eaux de Vichy et de Badoit qui sont de bonnes eaux mais qui sont trop salées pour être bues en si grandes quantités.

- L'Hydroxydase est une eau de source particulièrement utile dans les régimes de désintoxication, et tout particulièrement dans les cas de surcharge pondérale associée à une cellulite diffuse des membres inférieurs. Cette eau, vendue en pharmacie sous forme de flacon monodose, peut être utilement associée au plan Protal à la dose d'un seul flacon le matin à jeun.

- Pour ceux qui ont l'habitude de boire de l'eau du robinet, ils peuvent continuer, l'essentiel résidant davantage dans la quantité bue, suffisante à elle seule à réveiller le rein, que dans la composition particulière de cette eau.

- Il en va de même de toutes les infusions et tisanes, thé, verveine, tilleul ou menthe diverses qui séduiront ceux qui sont habitués à leur rituel de tasse et surtout qui préfèrent boire chaud, notamment en hiver pour se réchauffer.

- En ce qui concerne les sodas light et tout particulièrement le Coca light dont la diffusion égale aujourd'hui celle du Coca normal, il est non seulement autorisé mais j'ai personnellement pris l'habitude de le conseiller au cours des régimes amaigrissants pour plusieurs raisons. Tout d'abord, il permet bien souvent de boucler les deux litres de liquides préconisés. De plus, sa teneur en sucres et en calories est pratiquement nulle, une calorie par verre équivaut à peine à la valeur d'une cacahuète par bouteille familiale. Enfin et surtout, le Coca light est, tout comme le traditionnel, un mélange savant de saveurs intenses dont l'usage répété, notamment chez le grignoteur en mal de sensations de sucré, peut en réduire l'envie. Bien des patientes m'ont affirmé avoir été aidées au cours de leur régime par l'usage réconfortant et ludique de ces sodas light.

Une seule exception à l'usage du soda light, le régime de l'enfant ou de l'adolescent dont l'expérience prouve qu'à ces âges, l'effet de substitution du « faux sucre » joue mal et ne réduit que très peu la demande de sucré. De plus, cet usage non limité du sucré peut installer une habitude de boire sans soif pour le seul plaisir, habitude pouvant prédisposer à des dépendances ultérieures plus préoccupantes.

L'eau est un authentique rassasiant naturel

Dans le langage courant, on assimile souvent la sensation de creux à l'estomac à celle de faim, ce qui n'est pas tout à fait faux. L'eau bue au cours du repas et mêlée aux aliments augmente le volume total du bol alimentaire et crée une distension de l'estomac et une sensation de réplétion qui sont les premiers signes du rassasiement et de la satiété. Raison supplémentaire de boire à table, mais l'expérience prouve que cet effet d'occupation et de gestuelle de mise en bouche fonctionne aussi en dehors des repas, par exemple au cours de la zone horaire la plus dangereuse de la journée, entre 17 et 20 heures. Un grand verre de boisson quelle qu'elle soit suffit bien souvent à modérer des envies alimentaires.

Aujourd'hui, un nouveau type de faim fait son apparition parmi les populations les plus riches du monde, la faim auto-imposée de l'Occidental assailli par la gamme infinie d'aliments dont il dispose, mais auxquels il ne peut toucher sans vieillir ou périr.

Il est surprenant de constater qu'à l'heure où individus, institutions et laboratoires pharmaceutiques rêvent de découvrir le coupe-faim idéal et efficace, il y ait une majorité d'êtres puissamment concernés qui refusent d'utiliser un moyen aussi simple, pur et avéré que l'eau pour apaiser leur appétit.

CE RÉGIME DOIT ÊTRE PAUVRE EN SEL

Le sel est un élément indispensable à la vie et il est présent à des degrés divers dans n'importe quel aliment. Aussi, le sel d'ajout est toujours superflu, ce n'est qu'un condiment qui améliore le goût des aliments, aiguise l'appétit et s'utilise trop souvent par habitude.

Le régime pauvre en sel ne présente aucun danger

On peut et l'on devrait même vivre toute la vie avec un régime pauvre en sel. Cardiaques, insuffisants rénaux et hypertendus vivent en permanence avec un régime pauvre en sel sans jamais présenter de carences. Une précaution concerne cependant les sujets naturellement hypotendus habitués à vivre avec une tension basse. Un régime trop restreint en sel, surtout s'il est conjugué à une forte consommation d'eau, peut augmenter la filtration du sang, réduire son volume et abaisser encore la tension artérielle, ce qui peut occasionner fatigue et sensations vertigineuses au lever rapide. Ces sujets se contenteront de ne pas resaler et éviteront de boire plus d'un litre et demi d'eau.

Une alimentation trop salée, en revanche, retient et fixe l'eau dans les tissus

Dans les pays chauds, on distribue régulièrement des cachets de sel aux travailleurs pour éviter leur déshydratation au soleil.

Chez la femme, notamment la femme sous forte influence hormonale, en période prémenstruelle ou en préménopause ou même au cours de la grossesse, de nombreuses parties du corps peuvent devenir spongieuses et retenir des quantités impressionnantes d'eau.

Chez ces femmes, Protal, régime hydrofuge par excellence, développe sa pleine efficacité si l'on réduit au minimum la quantité de sel absorbée, ce qui permet à l'eau bue de traverser plus rapidement l'organisme, mesure en tout point comparable à celle qui est imposée lors d'un traitement par la cortisone.

À ce sujet, on entend souvent des personnes se plaindre de pouvoir prendre un, voire deux kilos en une soirée à la suite d'un écart de régime important. Il arrive même qu'une telle prise de poids ne soit pas même justifiée par un réel écart de régime. Lorsque l'on analyse ce repas déclencheur, on ne retrouve jamais la quantité d'aliments nécessaire à la prise de deux authentiques kilos, soit 18 000 calories, impossibles à ingérer en un si court laps de temps. Il s'agit seulement de la conjonction d'un repas trop salé et arrosé, sel et alcool conjuguant leurs effets pour ralentir la traversée de l'eau bue. Il ne faut jamais oublier qu'un litre d'eau pèse un kilo et que 9 g de sel en fixent un litre dans les tissus pendant un jour ou deux.

Ceci étant, si en cours de régime, une raison impérieuse vous impose un repas professionnel ou familial qui oblige à déroger aux consignes en cours, évitez à la fois de trop saler, de trop boire et surtout de vous peser le lendemain matin car une prise de poids brutale et injustifiée risque de vous décourager et de miner votre détermination et votre confiance. Attendez le lendemain ou mieux le surlendemain en intensifiant le régime, la boisson d'eau peu minéralisée et la restriction de sel, trois mesures suffisantes pour retrouver le niveau antérieur.

Il s'agit là d'une constatation. Les mets salés majorent la salivation et l'acidité gastrique, ce qui aiguise l'appétit.

À l'inverse, les mets peu salés stimulent peu les sécrétions digestives et n'ont pas d'action sur l'appétit. Malheureusement, l'absence de sel calme aussi la soif et le sujet au régime Protal doit accepter de s'imposer un haut niveau de boisson dans les premiers jours de manière à amorcer le besoin d'eau et le retour de la soif naturelle.

En conclusion

Le régime des protéines pures, régime inaugural et moteur principal des quatre régimes intégrés qui composent Protal, n'est pas un régime comme les autres. C'est le seul qui n'utilise qu'une seule famille de nutriment et qu'une catégorie bien définie d'aliments à teneur maximum en protéines.

Dans ce régime et tout au long du déploiement du plan Protal, toute référence aux calories et à leur décompte doit être abandonnée. En consommer peu ou beaucoup modifie peu les résultats, l'essentiel est de rester à l'intérieur de cette catégorie d'aliments.

Protal est même le seul régime dont le secret revendiqué est de manger beaucoup, voire de manger préventivement, avant que la faim ne survienne, faim devenue alors incontrôlable qui ne se contentera plus alors des protéines autorisées mais entraînera l'imprudent vers des aliments de pure gratification, des aliments de faible valeur nutritionnelle mais à forte charge émotionnelle, du sucré et de l'onctueux, riches et déstabilisants.

L'efficacité de Protal est donc tout entière liée à la sélection des aliments, foudroyante tant que l'alimentation est limitée à cette catégorie d'aliments, mais fortement ralentie et ramenée à la triste règle du décompte des calories si l'alimentation s'en échappe.

C'est donc un régime qui ne peut être fait à moitié. Il répond à la grande loi du tout ou rien qui explique non seulement son efficacité métabolique mais tout autant son formidable impact psychologique sur le gros qui, lui aussi, fonctionne selon cette même loi des extrêmes.

Tempérament excessif par excellence, aussi ascétique dans l'effort que relâché dans ses abandons, le gros trouve dans ce régime une démarche à sa mesure dans chacune des quatre étapes de Protal.

Ces affinités entre profil psychologique et structure du régime créent une rencontre dont l'importance est difficile à comprendre pour le profane mais qui, sur le terrain, est décisive. Cette adaptation réciproque génère une forte adhésion au régime qui facilite l'amaigrissement mais prend toute sa mesure au stade de la stabilisation ultime, lorsque tout repose sur un seul jour de régime de protéines par semaine, un jour de rédemption, une frappe tout aussi ponctuelle qu'efficace et qui, seule et sous cette forme peut être acceptée par tous ceux qui luttent depuis toujours contre leur prédisposition à la surcharge.

PRATIQUE DU PLAN PROTAL

Vous voilà parvenu au moment décisif de la mise en pratique du plan Protal. Vous savez désormais tout ce qui est nécessaire à la compréhension de son mode d'action et à l'efficacité des quatre régimes qui le composent.

Dans ce préambule théorique, j'ai aussi tenté de vous faire comprendre que l'on n'est pas gros par hasard et que la prise de poids qui vous concerne et que vous désirez aujourd'hui réduire est une partie de vous-même que vous refusez mais qui est le reflet de votre nature, de votre psychologie et donc de votre identité.

Tant de vos gènes et de votre tendance familiale à grossir que de votre histoire, tant du fonctionnement de vos métabolismes que de votre caractère, votre affectivité et vos émotions et, souvent, de cette manière particulière d'utiliser le plaisir fourni par les aliments pour amortir les petits et les grands déplaisirs de la vie.

C'est dire que cette affaire n'est pas si simple qu'il n'y paraît et explique pourquoi tant d'autres que vous, et peut-être aussi vous-même dans le passé, ont échoué et pourquoi tant de régimes s'épuisent en vain.

Lutter contre une force aussi puissante et archaïque que le besoin de manger, une force quasi animale qui vient des profondeurs, indomptable, et qui balaie tous les arguments de raison, ne peut évidemment se fonder sur un simple apprentissage rationnel de la nutrition, aussi intelligent soit-il, et l'espoir d'un autocontrôle du gros par lui-même.

Pour avoir une chance de s'opposer à la violence de l'instinct, il faut le combattre sur son terrain, avec des moyens, un langage et des arguments issus du même registre instinctif.

La peur de la maladie, le besoin d'appartenance au groupe et de se conformer aux critères ambiants relèvent de ce registre et sont les seuls remparts instinctifs aujourd'hui capables de motiver et de mobiliser le gros, mais ils s'épuisent à la première embellie, dès que l'image s'améliore, que le garrot des vêtements se desserre, que l'essoufflement aux étages s'atténue.

Mais surtout, pour qu'un régime ou mieux, un plan global, ait une chance d'être adopté et suivi par le gros, il doit utiliser un autre ressort instinctif, l'argument d'autorité.

Il doit donc être formulé par une autorité extérieure à lui, une volonté qui se substitue à la sienne et qui s'exprime sous forme de consignes précises, non sujettes à interprétations et non négociables et surtout maintenues sous une forme acceptable aussi longtemps que l'on entend en conserver les résultats.

J'ai bâti le plan Protal sur la redoutable efficacité des protéines alternatives en l'ajustant au fil des ans au profil si particulier du gros, lui confectionnant un réseau de consignes sans failles qui canalise et utilise sa nature excessive et passionnée, son héroïsme et ses emballements de début et qui supplée à son inconstance dans l'effort.

J'ai aussi compris à l'usage qu'un régime unique ne pouvait à lui seul suffire à une tâche aussi complexe et j'ai donc façonné un plan où se succèdent, dans un tout global et cohérent, quatre régimes qui se relaient pour ne jamais laisser seul un instant le gros face à sa tentation et à la défaillance.

C'est donc le moment de décrire dans la pratique quotidienne la mise en place de ce plan à quatre étages.

Période d'attaque :
le régime des protéines pures

Quelles que soient ses modalités, sa durée et son indication, le plan Protal débute toujours par le régime des protéines pures, régime extrêmement particulier que j'utilise pour créer un déclic psychologique et un effet de surprise métabolique qui conjuguent leurs effets pour entraîner une première chute de poids décisive.

Je vais dès maintenant passer pour vous en revue et dans le détail tous les aliments qui vont vous accompagner dans cette première période en assortissant cette description d'un certain nombre de conseils destinés à faciliter vos choix.

Combien de temps doit durer cette première étape éclair pour assurer pleinement son rôle de d'ouverture et de déclenchement? À cette question de toute première importance, il n'y a pas de réponse standard. Sa durée doit être adaptée à chaque cas. Elle dépend surtout du poids à perdre mais aussi de l'âge, du nombre de régimes précédemment suivis, de l'importance de la motivation et des affinités particulières pour les aliments protéinés.

Je vous donnerai aussi des indications extrêmement précises sur les résultats que vous pourrez attendre de ce régime d'attaque qui seront, bien évidemment, liées à la parfaite observance du régime et au bon choix de sa durée.

Je vous signalerai enfin les diverses réactions pouvant être rencontrées au cours de cette période inaugurale.

Les aliments autorisés

Au cours de cette période dont la durée peut varier entre un et dix jours, vous aurez droit pour vous nourrir aux huit catégories d'aliments qui vont suivre.

De ces huit catégories, vous pourrez consommer autant d'aliments qu'il vous plaira ou conviendra, sans aucune limitation et quelle que soit l'heure de la journée.

Vous aurez aussi la liberté de mélanger ces aliments entre eux.

Vous pourrez choisir ceux qui vous plaisent sans toucher aux autres, voire même dans un cas limite, vous nourrir d'une seule catégorie d'aliment au cours d'un repas ou même d'une journée.

L'essentiel est de rester à l'intérieur de cette liste parfaitement définie en sachant que je la prescris depuis longtemps et que je n'ai rien oublié.

Sachez aussi que le moindre écart, le moindre franchissement de frontière, aussi minime soit-il, agit à la manière d'une piqûre d'aiguille sur un ballon de baudruche.

Écart apparemment bénin mais qui suffit à vous faire perdre le bénéfice de cette précieuse liberté de manger sans aucune limitation.

Pour un brin de qualitatif, vous aurez perdu accès au quantitatif et vous serez tenu, pour la journée en cours, à entrer dansle décompte fastidieux des calories et à manger en vous limitant.

Pour résumer, le mot d'ordre est donc simple et non négociable : tout ce qui est mentionné dans la liste qui va suivre est à vous et totalement à vous, ce qui ne s'y trouve pas n'est pas à vous, oubliez-le pour le moment, en sachant que dans un avenir proche, tous les aliments vous reviendront.

Première catégorie : les viandes maigres

Par viande maigre, j'entends trois types de viande, le veau, le bœuf et le cheval pour ceux qui, de plus en plus rares, hélas, en consomment encore.

- Le bœuf : tous les morceaux à rôtir ou à griller sont autorisés, notamment le steak, le filet, le faux-filet, le rosbif, les morceaux du boucher, en évitant scrupuleusement l'entrecôte, la côte de bœuf toutes deux trop grasses et persillées.

- Le veau : les morceaux conseillés sont l'escalope et le rôti de veau. La côte de veau est autorisée à condition de la débarrasser de la panne grasse qui l'entoure.

- Le cheval : tous ses morceaux sont autorisés à l'exception de la hampe. Le cheval est une viande saine et très maigre, consommez-la, si vous l'appréciez, sans appréhension et de préférence au repas du midi car c'est une viande extrêmement tonifiante dont la consommation trop tardive peut gêner votre sommeil.

- Le porc et l'agneau ne sont pas autorisés dans ce régime d'attaque qui doit être aussi pur et efficace que possible.

La préparation de ces viandes doit s'effectuer de la manière qui vous conviendra mais sans utiliser de matières grasses, sans beurre, sans huile ni crème, même allégée.

La cuisson conseillée est la grillade, mais ces viandes peuvent aussi être rôties au four ou à la rôtissoire ou préparées en papillote ou même bouillies.

Le degré de cuisson est laissé à l'appréciation de chacun mais il faut savoir que la cuisson dégraisse progressivement la viande, la rapprochant ainsi de l'idéal de la protéine pure qui sous-tend ce régime.

Le steak haché cru est autorisé mais les préparations en tartare ou en carpaccio doivent être confectionnées sans huile.

La viande hachée cuite ou sous forme de hamburger est à conseiller à ceux qui pourraient facilement se lasser de la viande de découpe et qui trouveraient intérêt à la préparer en boulettes amalgamée à un œuf, des herbes, des câpres et cuites au four.

Le steak congelé est autorisé mais veiller à ce que sa teneur en matières grasses ne dépasse pas les 10 % MG, le 15 % est trop gras pour la période d'attaque.

Je vous rappelle encore une fois que les quantités ne sont pas limitées.

Deuxième catégorie : les abats

Dans cette catégorie, seuls le foie et la langue sont permis : foie de veau, de bœuf ou de volaille.

Les langues de veau et d'agneau, peu grasses, sont autorisées. Pour le bœuf, ne consommer que la moitié antérieure de la langue, notamment la pointe qui est la zone la plus maigre et éviter la partie arrière qui est trop grasse.

En ce qui concerne le foie, l'intérêt de sa forte teneur en vitamines, extrêmement utile en cours de régime amaigrissant, est hélas réduit par sa richesse en cholestérol, l'excluant de l'alimentation des sujets à risque cardio-vasculaire.

Troisième catégorie : les poissons

Pour cette famille d'aliments, il n'y a aucune restriction ni limitation. Tous les poissons sont autorisés, qu'ils soient gras ou maigres, qu'ils soient blancs ou bleus, qu'ils soient frais ou congelés ou en conserve au naturel mais pas à l'huile, ou qu'ils soient fumés ou séchés.

- Tous les poissons gras et bleus sont autorisés, notamment la sardine, le maquereau, le thon, le saumon.

- Tous les poissons blancs et maigres le sont aussi tels la sole, le colin, le cabillaud, la dorade, le rouget, le loup, le merlan, la raie, la truite, le lieu, le sar, la lotte et bien d'autres moins courants.

- Le poisson fumé est lui aussi autorisé, notamment le saumon fumé qui, bien que gras et luisant n'est guère plus gras qu'un steak à 10 % MG. Il en va de même de la truite fumée, de l'anguille ou du haddock.

- Le poisson en conserve, très utile en cas de repas rapide ou en encas, est autorisé s'il s'agit de conserve au naturel comme le thon, le saumon, le maquereau au vin blanc consommé sans sa sauce.

- Enfin, le surimi, nouvelle préparation à base de poisson blanc extrêmement maigre, aromatisé à la sauce de crabe et très légèrement sucré est parfaitement autorisé car d'un usage très pratique, sans odeur, facile à transporter, ne nécessitant aucune préparation ni cuisson et pouvant se croquer à la main en grignotage, à n'importe quelle heure de la journée.

Le poisson doit se préparer sans adjonction de matière grasse mais arrosé de citron et saupoudré d'aromates, soit au four farci d'herbes et de citron, au court-bouillon mais plutôt à la vapeur ou mieux en papillote pour conserver l'intégralité des sucs de cuisson.

Quatrième catégorie : les fruits de mer

Dans cette classe d'aliments, je regroupe tous les crustacés et tous les coquillages.

- Les crevettes grises et roses, les gambas, le crabe, le tourteau, les bigorneaux, le homard, langouste et langoustines, les huîtres, les moules, les praires et les coquilles SaintJacques.

Il faut souvent penser à ces aliments qui diversifient l'alimentation et peuvent donner un air de fête au régime. Ils possèdent aussi un très fort pouvoir rassasiant.

Cinquième catégorie : la volaille

- Toute la volaille est autorisée sauf les volatiles à becs plats, canard et oie, mais à la condition expresse d'être consommée sans la peau.

- Le poulet est la volaille la plus courante et la plus pratique lors de ce régime des protéines pures. Tous ses morceaux sont autorisés sauf la partie externe de l'aile inséparable de la peau et trop grasse. Il faut savoir toutefois qu'il existe une différence nette de teneur en matière grasse entre les différents morceaux du poulet, la partie la plus maigre étant le blanc, devançant la cuisse puis l'aile. Enfin le poulet doit être choisi aussi jeune que possible.

- La dinde sous toutes ses formes, en escalope sur poêle ou sa cuisse rôtie au four et truffée d'ail, le dindonneau, la pintade, le pigeon, la caille sont autorisés ainsi que le gibier d'air ou d'eau comme le faisan, le perdreau et même le canard sauvage qui est maigre.

- Le lapin est une viande maigre que l'on peut consommer rôtie ou cuite à la moutarde et au fromage blanc maigre.

Sixième catégorie : les jambons dégraissés, découennés, allégés en matière grasse

On trouve depuis quelques années en grandes surfaces du jambon allégé de porc mais aussi de dinde légèrement fumée et de poulet dont la teneur en matières grasses varie entre 4 et 2 %, ce qui est bien plus maigre que les viandes et les poissons les plus maigres. C'est dire qu'ils sont autorisés et même conseillés en raison de leur extrême disponibilité et leur facilité d'emploi.

Présentés sous blister, prétranchés, propres et sans odeurs ni déchets, ils peuvent être aisément transportés et participer à la confection du repas du midi.

De plus, si leur valeur gustative n'approche pas celle des jambons de charcuterie, leur valeur nutritionnelle est en tout point comparable. Rappelons que les jambons de charcuterie et le jambonneau ne sont pas autorisés et que les jambons crus et fumés, bien plus gras, le sont encore moins.

Septième catégorie : les œufs

Les œufs se consomment soit durs, à la coque, ou cuits sur le plat, en omelette ou brouillés sur une poêle au silicone, c'est-à-dire sans adjonction d'huile ni de beurre.

Pour rendre leur consommation plus fine et moins monotone, vous pouvez ajouter quelques crevettes ou langoustines, ou même un peu de crabe en miettes. Il est possible aussi de les préparer en omelette avec des oignons hachés en tortilla espagnole ou avec quelques pointes d'asperges en guise d'aromates.

Dans un régime où les aliments sont autorisés sans limitation quantitative, les œufs peuvent poser deux problèmes liés respectivement à leur teneur en cholestérol et à leur tolérance.

Les œufs sont effectivement riches en cholestérol et leur consommation excessive est déconseillée chez les sujets qui en présentent un taux sanguin anormalement élevé. Dans ces cas, il est conseillé de limiter sa consommation à 3 ou 4 jaunes d'œufs par semaine, le blanc, protéine pure par excellence, pouvant être utilisé sans aucune restriction.

Dans ces cas, il peut aussi être utile de confectionner ses omelettes et ses œufs brouillés en utilisant un jaune pour deux blancs.

En ce qui concerne l'intolérance aux œufs, il existe bien une authentique allergie au jaune de l'œuf mais rarissime et parfaitement connue du patient qui la porte et qui sait l'éviter.

Bien plus fréquente est la mauvaise digestion des œufs qui est souvent et à tort attribuée à une fragilité du foie. Mis à part les œufs de mauvaise qualité ou insuffisamment frais, ce que le foie ne supporte pas, ce n'est pas l'œuf lui-même mais le beurre cuit dans lequel il est préparé.

Ainsi, si vous n'êtes pas franchement allergique et si vous les préparez sans matières grasses, vous pouvez consommer sans aucun danger un ou deux œufs par jour pendant la durée brève de ce régime d'attaque.

Huitième catégorie : les laitages maigres (yaourts, fromages blancs et faisselles à 0 % MG)

Ces aliments conçus pour faciliter une alimentation de la minceur sont d'authentiques laitages, en tous points semblables aux fromages blancs, yaourts et faisselles traditionnels mais débarrassés de leur matière grasse. Comme la transformation du lait en fromage est responsable de l'élimination du lactose, seul sucre contenu dans le lait, ces laitages maigres ne contiennent pratiquement plus que des protéines, c'est dire leur extrême importance dans ce régime d'attaque en recherche de pureté protéique.

Depuis quelques années, les producteurs de laitages ont mis sur le marché une nouvelle génération de yaourts maigres édulcorés à l'aspartam et aromatisés ou enrichis en pulpe de fruits. Si l'aspartam et les arômes ne sont que des leurres dénués de valeur calorique, l'enrichissement en fruits introduit une petite quantité de glucides indésirable. Cet inconvénient est cependant largement compensé par le fait que ces aliments chaleureux et gratifiants fournissent une occasion de dessert qui améliore le suivi global de ce régime si particulier.

Ces laitages édulcorés sont donc autorisés, en veillant à les choisir étiquetés à 0 % MG car ils existent au lait entier, infiniment plus riches, gras et sucrés, à exclure totalement de ce régime.

Ces laitages maigres fruités sont donc autorisés en quantités modérées (deux par jour), mais ceux qui recherchent un démarrage foudroyant auront intérêt à les éviter pendant la phase d'attaque.

Neuvième catégorie : un litre et demi de liquide par jour

C'est la seule catégorie de cette liste qui soit obligatoire, toutes les autres étant facultatives et ne dépendant que de votre bon vouloir. Comme je vous l'ai déjà dit et prenant le risque de me répéter, cet apport liquidien est indispensable et non négociable. Sans ce drainage intense, votre amaigrissement, même parfaitement conduit, cessera, les déchets issus de la combustion des graisses s'accumulant au point d'en éteindre le feu.

Toutes les eaux sont autorisées, notamment les eaux de source légèrement diurétiques comme l'eau de Contrexeville, de Vittel, d'Évian ou de Volvic. Évitez cependant l'eau de Vichy et de Badoit qui sont d'excellentes eaux mais trop salées pour ce régime.

Si vous n'êtes pas un buveur d'eau plate, buvez sans inconvénient de la Vittelloise ou du Perrier, bulles et gaz n'ont aucune incidence sur ce régime, seul le sel de boisson est à éviter.

De plus, si vous êtes réfractaire aux boissons fraîches, sachez que le café, le thé ou toute autre infusion ou tisane sont assimilables à de l'eau et, à ce titre, à déduire du litre et demi imposé.

Enfin, les boissons light, tels le Coca-Cola ou toute autre marque ne procurant qu'une calorie par verre, sont autorisées dans toutes les étapes du plan Protal.

Les nutritionnistes sont partagés sur l'intérêt de ces sodas édulcorés à l'aspartam. Certains pensent que leur effet de leurre est détecté et compensé par l'organisme. D'autres estiment que leur consommation entretient le goût et le besoin du sucre.

Pour ma part, la pratique m'a appris que l'abstinence, aussi prolongée soit-elle, ne fait jamais disparaître le goût ou le besoin du sucre. Je ne vois donc aucune raison de vous priver de cette saveur dépourvue de calories. D'autre part, j'ai constaté que l'utilisation de ces boissons facilite grandement l'observance du régime et que leur saveur sucrée, leur forte teneur aromatique, leur couleur et leur pétillement ainsi que leur aura de boisson festive se conjuguent pour en faire des aliments de gratification à forte action sensorielle qui apaisent les envies « d'autre chose », si fréquentes chez les grignoteurs au régime.

Les adjuvants

- Le lait écrémé, soit frais, en bouteille à capuchon vert ou en poudre, est autorisé et peut améliorer la saveur ou la consistance du thé ou du café et peut participer à la confection de sauces, crème, flans ou préparations diverses.

- Le sucre est interdit mais l'aspartam, l'édulcorant de synthèse le plus connu et utilisé de par le monde, est parfaitement autorisé et sans aucune restriction, y compris chez la femme enceinte, ce qui témoigne de sa totale innocuité.

- Le vinaigre, les aromates, les herbes, thym, ail, persil, oignon, échalote, ciboulette, etc., ainsi que toutes les épices sont non seulement autorisées mais vivement conseillés. Leur usage permet d'enrichir la saveur des aliments consommés et d'élever leur valeur sensorielle, c'est-à-dire la prise en compte de toutes les sensations de bouche par les centres nerveux gérant la satiété, ce qui augmente leur pouvoir de rassasiement.

- Les cornichons ainsi que l'oignon sont permis s'ils sont utilisés comme condiments mais sortent du cadre du régime des protéines pures si les quantités utilisées sont telles qu'il faille les considérer comme des légumes.

- Le citron peut être utilisé pour parfumer poissons ou fruits de mer, mais ne peut être consommé sous forme de citron pressé ou de citronnade, même non sucré, car, dès lors, il ne s'agit plus d'un condiment mais d'un fruit, acidulé certes, mais sucré et non compatible avec les protéines pures.

- Le sel et la moutarde sont autorisés mais leur usage doit rester modéré, surtout en cas de tendance à la rétention d'eau, particulièrement fréquente chez l'adolescente aux règles anarchiques et chez la femme préménopausée ou en cours d'instauration d'un traitement hormonal de substitution. Pour les inconditionnels de ces saveurs, il existe des moutardes sans sel et des sels diététiques peu sodés.

- Le ketchup ordinaire n'est pas autorisé car à la fois très sucré et très salé, mais il existe des ketchups de régime non sucrés qui peuvent être utilisés en quantités modérées.

- Les chewing-gums peuvent s'avérer très utiles en cours de régime pour les grignoteurs habitués à mastiquer. Toutefois, la mention sans sucre n'est pas suffisante, et pour être compatibles avec les protéines pures, ces chewing-gums doivent être édulcorés exclusivement à l'aspartam et non, comme la plupart d'entre eux, au sorbitol, un sucre de pénétration plus lente que celle du saccharose mais un sucre tout de même.

- Toutes les huiles sont interdites. Si certaines huiles, telle l'huile d'olive, ont la réputation justifiée d'être favorables au cœur et aux artères, elles n'en sont pas moins des huiles et des lipides purs qui n'ont pas leur place dans ce régime des protéines pures. En revanche, l'huile de paraffine est autorisée pour la préparation des vinaigrettes mais pas en cuisson. Utilisez-la en petites quantités et coupée à de l'eau de Perrier qui l'allège et réduit son pouvoir huilant très élevé et aussi parce que, très lubrifiante, elle risque d'accélérer fâcheusement le transit intestinal.

En dehors de ces adjuvants et des huit grandes catégories décrites précédemment, RIEN D'AUTRE. Tout le reste, tout ce qui n'est pas expressément mentionné dans cette liste est interdit pendant le temps relativement bref imparti à ce régime d'attaque.

Concentrez-vous donc sur tout ce qui est autorisé et oubliez le reste. Faites varier votre alimentation, butinez ces aliments dans l'ordre ou le désordre, tentez de varier votre alimentation et n'oubliez jamais que les aliments autorisés et inscrits sur cette liste sont vraiment et totalement à vous.

Quelques conseils généraux

Mangez aussi souvent que vous le désirez

Et n'oubliez pas que le secret de ce régime est de manger beaucoup et avant que la faim ne survienne pour éviter de succomber à un aliment tentateur absent de la liste.

Ne sautez jamais un repas

C'est une grave erreur qui part souvent d'une bonne intention mais qui risque de déstabiliser de proche en proche votre régime. L'économie réalisée au cours d'un repas est, non seulement compensée par une prise supérieure au repas suivant, mais cette économie s'inverse car l'organisme intensifiera aussi le profit qu'il en tire et en extraira jusqu'à la dernière calorie. De plus, la faim, contenue et attisée aura tendance à se déplacer sur des aliments plus gratifiants, obligeant à un surcroît de résistance dont la sollicitation trop fréquente peut miner les meilleures motivations.

Buvez chaque fois que vous mangez

Pour d'étranges raisons, il persiste dans l'esprit du public une vieille consigne datant des années soixante-dix qui préconisait de ne pas boire en mangeant. Cette consigne qui ne présente aucun intérêt pour le commun des mortels peut s'avérer nocive pour celui qui suit un régime, tout particulièrement un régime de protéines pures. Car négliger de boire en mangeant fait tout simplement courir le risque d'oublier de boire. De plus, boire en mangeant augmente le volume du contenu gastrique et génère une sensation de réplétion et de rassasiement. Enfin, l'eau dilue les aliments, ralentit leur absorption et étend la durée de la satiété.

Ne manquez jamais des aliments nécessaires à votre régime

Ayez toujours sous la main ou au réfrigérateur un large choix des huit catégories d'aliments qui vont devenir vos amis et vos aliments fétiches. Emportez-les avec vous dans vos déplacements car la plupart des aliments protéinés nécessitent une préparation et, contrairement aux glucides et aux lipides, se conservent moins bien et ne se trouvent pas aussi facilement que des biscuits ou du chocolat dans les placards ou les tiroirs.

Avant de consommer un aliment, assurez-vous qu'il figure sur la liste

Pour être bien sûr de vous, conservez cette liste avec vous pendant la première semaine, elle est simple et se résume en trois lignes : viandes maigres et abats, poissons et fruits de mer, volaille, jambons et œufs, des laitages et de l'eau.

Le petit déjeuner

Le petit déjeuner est souvent l'objet d'un questionnement particulier car le Français, contrairement à l'Anglo-Saxon, est culturellement habitué à éviter les aliments protéinés lors du premier repas de la journée. Ce repas n'échappe cependant pas à la logique de la protéine pure. Le café ou le thé, sucré ou non à l'aspartam, peut être coupé de lait écrémé et il est possible de lui associer un laitage, un œuf à la coque, une tranche de dinde ou de jambon allégé, ce qui est, sur le plan de la nutrition bien plus satisfaisant qu'une viennoiserie ou des corn flakes chocolatés et autrement plus rassasiant et dynamisant.

Pour les inconditionnels du goût des céréales, les constipés, les gros appétits et les sujets résistants aux régimes, j'ai mis au point une recette de galette qui peut s'intégrer au régime des protéines.

Cette crêpe se confectionne en mêlant une cuiller à soupe de son de blé, deux cuillers à soupe de son d'avoine, un blanc d'œuf ou l'œuf entier selon l'appétit et la surveillance du cholestérol, et une cuiller à soupe de fromage blanc maigre. Le tout est mélangé puis cuit sur une poêle antiadhésive, une goutte d'huile sur Sopalin pouvant préalablement en graisser la surface. Cette préparation, compromis entre galette, crêpe de sarrasin et blini, regorge de fibres solubles. De nombreux travaux récents ont prouvé que ces fibres solubles, en s'imprégnant d'eau, prennent en masse dans le tube digestif et forment un gel dans les vacuoles duquel sont piégés des nutriments et des calories qui sont entraînés avec lui dans les selles. Néanmoins, malgré l'immense intérêt de ces fibres, il n'est pas possible d'en consommer plus d'une fois par jour sans perturber le mode d'action spécifique des protéines pures.

Au restaurant

C'est l'une des situations où le régime des protéines est le plus facile à suivre. Après une entrée telle un œuf en gelée ou une tranche de saumon fumé ou un plateau de fruits de mer, le choix est large entre un pavé de bœuf, un faux filet grillé, une côte de veau, un poisson ou une volaille. La difficulté surgit après le plat principal pour le gourmand de sucré ou l'amateur de fromage qui risque d'être tenté par son vis-à-vis. La meilleure stratégie défensive est le recours à un premier café qui peut être renouvelé si la conversation se poursuit. Quelques restaurateurs commencent à proposer des laitages allégés, voire maigres à certaines tables célèbres. Si ce n'est pas le cas, ayez au bureau ou dans la voiture des yaourts blancs ou fruités qui vous permettront de clôturer ce repas avec une note de dessert frais et onctueux.

Durée du régime d'attaque

Un choix décisif

C'est l'une des décisions les plus importantes du plan Protal, car cette attaque éclair par les protéines pures est à la fois le starter qui donne la première impulsion et le moule et l'empreinte première sur lesquels vont s'articuler les trois autres régimes jusqu'à la stabilisation définitive.

De plus, les protéines sont des aliments dont l'extrême densité et l'occupation durable du système digestif génèrent un fort effet de rassasiement. Surtout, leur désintégration au cours du métabolisme produit des corps cétoniques, réputés pour leur action de satiété. Ces deux propriétés permettent aux protéines pures de s'opposer aux comportements compulsifs et d'introduire de l'ordre dans les alimentations déséquilibrées.

Enfin, par son extrême efficacité, ce régime procure des résultats immédiats et patents qui euphorisent et dynamisent les patients qui le suivent et renforcent leur volonté d'en découdre.

C'est dire l'intérêt de réussir cette première étape, et pour cela de fixer avec précision la durée optimale qui lui est impartie.

La durée moyenne du régime d'attaque est de cinq jours

C'est le temps qui permet au régime de fournir les meilleurs résultats sans développer de résistance métabolique ni lasser celui qui le pratique. C'est aussi la durée d'une attaque qui convient le mieux aux pertes de poids les plus fréquemment rencontrées, habituellement comprises entre 10 et 20 kg. Nous verrons en fin de chapitre les résultats chiffrés attendus pour un tel régime parfaitement suivi.

Pour des objectifs moins ambitieux et inférieurs à 10 kg

La meilleure solution est ici fournie par une attaque de trois jours et qui permet de passer sans effort à la phase des protéines alternatives.

Parfois, pour des pertes inférieures à 5 kg

Lorsque l'on cherche à éviter un démarrage trop rapide, une seule journée peut suffire. Cette première journée dite d'ouverture bénéficie d'un effet de rupture qui surprend l'organisme et permet une perte de poids surprenante et suffisamment encourageante pour lancer le régime.

Pour des obésités majeures

Dans ces cas très particuliers, lorsque la perte recherchée dépasse les vingt kilos ou que la motivation est extrême ou que de très nombreux régimes ont été précédemment tentés avec rechute, cette phase peut, après avis médical, être portée à 7 jours, voire même 10 jours, à la condition expresse de boire sans désemparer.

Réactions de l'organisme au cours du régime des protéines pures

L'effet de surprise et le besoin de s'adapter à une nouvelle alimentation

Le premier jour de ce régime d'attaque est un jour d'adaptation et de combat. Bien sûr, il laisse la porte largement ouverte à de nombreuses catégories d'aliments usuels et savoureux, mais il la ferme à beaucoup d'autres que l'obèse à l'habitude de consommer sans toujours se rendre compte de leur nombre et de leur quantité.

Le meilleur moyen de remédier à cette sensation de restriction qui peut envahir les moins motivés est de profiter à plein des possibilités de ce régime qui pour la première fois permet de manger « à volonté » des aliments aussi denses et précieux que de la viande de bœuf ou de veau, du poisson, quel qu'il soit, y compris le saumon fumé, le thon en boîte, le haddock, le surimi, des huîtres, des langoustines, des œufs brouillés, l'infinie gamme des laitages allégés, des jambons dégraissés, sans oublier les flans au lait écrémés. Le premier jour, mangez donc davantage. Remplacez les qualités qui manquent par de la quantité. Et surtout, organisez-vous pour avoir toujours sous la main « tous » les aliments indispensables, car autorisés, dans vos placards ou votre réfrigérateur.

De plus, buvant davantage, vous aurez la sensation d'être « occupée » et plus vite rassasiée. Vous urinerez beaucoup, car n'ayant pas l'habitude de boire autant, vos reins seront contraints d'ouvrir leurs vannes et d'éliminer.

Ce drainage asséchera les tissus si souvent infiltrés de la femme où l'eau stagne avec prédilection dans les membres inférieurs, cuisses, jambes et chevilles, dans les doigts boudinés qui emprisonnent les bagues ainsi que sur le visage.

Dès le lendemain matin, mettez-vous sur la balance et vous serez surpris de l'importance des premiers résultats.

Pesez-vous très souvent, surtout les trois premiers jours. D'heure en heure, il peut y avoir du nouveau. Conservez d'ailleurs l'habitude de vous peser tous les jours de votre vie car si la balance est l'ennemie de celui qui grossit, c'est l'amie et la juste récompense de celui qui maigrit et toute perte de poids, aussi minime soit-elle, sera votre meilleur stimulant.

Une légère fatigue peut se faire sentir durant les deux premiers jours, avec une moindre résistance pour tous les efforts prolongés.

C'est la période de surprise où le corps brûle sans compter ni résister. Ce n'est donc pas le moment de lui imposer des dépenses extrêmes. Évitez donc pendant cette période les exercices violents, le sport de compétition et surtout le ski en altitude. Mais n'abandonnez pas pour autant la gymnastique, le jogging ou la natation que vous avez l'habitude de pratiquer.

À partir du troisième jour, la fatigue cesse et laisse habituellement la place à une impression d'euphorie et de dynamisme que renforcent encore les messages encourageants de la bascule.

Une haleine un peu forte et l'impression de bouche sèche

Ces symptômes ne sont pas spécifiques au régime des protéines, ils appartiennent à tout régime qui fait maigrir et seront donc un peu plus marqués ici que pour des régimes d'allure plus progressive. Ils signifient donc que vous êtes en train de maigrir et vous devez accueillir avec satisfaction ces messages de succès. Buvez davantage pour les atténuer.

Après le quatrième jour, la constipation apparaît

Elle est plus sensible pour ceux qui y sont prédisposés et ceux qui ne boivent pas assez. Pour les autres, les selles se font plus rares, mais il n'y a pas lieu pour autant de parler de constipation. Il s'agit seulement d'une réduction importante de déchets car les aliments protéinés contiennent très peu de fibres et les aliments qui en fournissent le plus, tels les fruits et les légumes, ne sont pas encore autorisés. Si cette réduction des selles vous préoccupe, achetez du son de blé en paillettes et mettez-en dans vos yaourts pour leur donner un goût de céréales ou cuisinez-vous les galettes de son de blé et d'avoine, œuf et fromage blanc. Si cela ne suffit pas, prenez en fin de repas principal une cuiller d'huile de paraffine. Et surtout buvez autant que prévu, car si l'eau est bien connue pour faire uriner, elle hydrate aussi et ramollit les selles, améliore le rendement des contractions et facilite le transit intestinal.

La faim disparaît après le troisième jour

Cette disparition surprenante est liée à la libération accrue des fameux corps cétoniques, les plus puissants des coupe-faim naturels. Pour ceux qui ne sont pas des passionnés de viandes et de poissons, une lassitude s'installe vite et la monotonie a un effet très marqué sur l'appétit. Les fringales et les compulsions sucrées disparaissent totalement. La ration de protéines, très importante les premiers jours, s'amenuise donc progressivement.

Faut-il prendre des vitamines ?

Je le conseille, mais ce n'est nullement obligatoire pour une période courte de trois à cinq jours. En revanche, si le régime des protéines alternatives s'attaque à un excès de poids important et doit s'étendre sur une longue durée, il est utile d'associer une dose quotidienne de compléments polyvitaminés en évitant les fortes doses ou les apports multiples dont l'accumulation peut s'avérer toxique. En pratique, il est souvent préférable et plus utile de consommer des aliments qui en regorgent et de se préparer une tranche de foie de veau deux fois par semaine et une cuiller de levure de bière chaque matin et de se confectionner de bonnes salades composées à base de laitue, de poivron cru, de tomate, de carottes et d'endives dès que les légumes seront autorisés.

Quel résultat peut-on attendre de ce régime d'attaque ?

Facteurs généraux de résistance ou de facilitation

La perte de poids entraînée par le régime des protéines pures est, pour une aussi courte période, la plus importante qu'il soit possible d'espérer avec un régime composé d'aliments et analogue à celle obtenue avec des poudres ou même avec un jeûne complet.

Toutefois, cette perte dépend de l'importance du poids de départ. Il est évident que le corps d'un obèse de plus de cent kilos laissera plus facilement partir ses premiers kilos que celui d'une jeune femme déjà mince qui tente de perdre ses ultimes réserves avant les vacances.

Intervient aussi l'effet de vaccination induit par le nombre de régimes préalablement pratiqués, ainsi que l'âge et, pour la femme, la croisée des grands carrefours hormonaux, tels la puberté, les suites de grossesse, la prise de contraceptifs oraux et surtout, surtout, la préménopause et ses dérèglements passagers et par-dessus tout les essais tâtonnants et pro-longés de substitution hormonale.

Pour une attaque de cinq jours de protéines pures

Dans ce cas qui est le plus souvent pratiqué et le plus efficace, la perte de poids habituelle varie entre 2 et 3 kg. Cette perte peut atteindre 4, voire 5 kg chez certains grands obèses, notamment des hommes actifs et peut, dans le pire des cas, descendre à 1 seul kilo chez la femme ménopausée en cours d'institution de traitement hormonal, sujette à la rétention d'eau et aux œdèmes.

Il faut aussi savoir qu'il existe une période de 3 à 4 jours précédant les règles au cours desquels le corps de la femme retient l'eau. Cette rétention réduit l'élimination des déchets, éteint en amont la combustion des graisses, ce qui réduit momentanément l'efficacité du régime et bloque le poids.

Il est important de savoir que la perte de poids n'est pas interrompue, mais seulement camouflée et différée par la rétention d'eau et réapparaîtra dès le deuxième ou le troisième jour après le début des règles.

Ce plateau, lorsqu'il n'est pas compris et interprété, peut désespérer des femmes qui estiment à juste titre ne pas être récompensées de leur effort, briser leur détermination et les inciter à abandonner le régime. Toujours attendre la fin des règles avant de prendre une telle décision car dès l'élimination de l'eau, à marée basse après la marée haute pré-menstruelle, il n'est pas rare de voir la bascule décrocher vertigineusement et chuter d'un, voire deux kilos, au cours d'une nuit passée à se lever pour uriner.

Résumé mémento du régime d'attaque

Au cours de cette période dont la durée peut varier entre un et dix jours, vous aurez droit pour vous nourrir aux huit catégories d'aliments qui vont suivre.

De ces huit catégories, vous pourrez consommer autant d'aliments qu'il vous plaira ou conviendra, sans aucune limitation et quelle que soit l'heure de la journée.

Vous aurez aussi la liberté de mélanger ces aliments entre eux.

Le mot d'ordre est donc simple et non négociable : tout ce qui est mentionné dans la liste qui va suivre est à vous et totalement à vous, ce qui ne s'y trouve pas n'est pas à vous, oubliez-le pour le moment, en sachant que dans un avenir proche, tous les aliments vous reviendront.

- Les viandes maigres : veau, bœuf, cheval sauf l'entrecôte et la côte de bœuf, grillées ou rôties sans matières grasses ;
- les abats : foie, rognons et langue de veau et bœuf (pointe) ;
- tous les poissons, gras, maigres, blancs, bleus, crus ou cuits ;
- tous les fruits de mer (coquillages et crustacés) ;
- toute la volaille, sauf le canard, et sans peau ;
- jambons maigres, tranches de dinde, poulet et porc maigres ;
- les œufs ;
- les laitages maigres ;
- un demi-litre d'eau non salée ;
- adjuvants : café, thé, tisanes, vinaigres, aromates, herbes, épices, cornichons, citron (pas en boisson), sel et moutarde (avec modération).

En dehors de ces adjuvants et des huit grandes catégories décrites précédemment, RIEN D'AUTRE.
Tout le reste, tout ce qui n'est pas expressément mentionné dans cette liste est interdit pendant le temps relativement bref imparti à ce régime d'attaque.

Concentrez-vous donc sur tout ce qui est autorisé et oubliez le reste.
Faites varier votre alimentation, butinez ces aliments dans l'ordre ou le désordre, tentez de varier votre alimentation et n'oubliez jamais que les aliments autorisés et inscrits sur cette liste sont vraiment et totalement à vous.

Lorsque la période d'attaque ne dure que trois jours

La perte de poids attendue ici se situe entre 1 et 2,5 kg.

Pour une attaque d'une seule mais première journée

La perte habituelle atteint souvent 1 kg car l'effet de surprise est maximal lors de cette première journée.

Période de croisière :
le régime des protéines alternatives

Au terme du régime d'attaque, le plan Protal est lancé et commence alors le régime des protéines alternatives, régime de croisière qui doit mener d'un seul tenant jusqu'au poids désiré.

Cette phase est occupée par deux régimes qui vont se relayer en alternant : le régime des protéines + légumes et le régime de protéines pures et ainsi de suite, jusqu'à obtention du poids fixé.

Nous venons de décrire dans le détail le régime des protéines pures ; examinons à présent le régime des protéines + légumes.

Ici encore, comme pour la période d'attaque, le rythme d'alternance de ces deux régimes n'est pas un standard uniforme mais s'adapte à chaque situation et à chaque cas selon des modalités que je vous décrirai dans ce chapitre. Le modèle le plus fréquent et le plus efficace est cependant le rythme de 5 jours avec légumes suivis de 5 jours sans légumes.

En finissant le régime d'attaque strictement protéiné, surtout lorsque ce dernier a duré 5 jours, il est une catégorie d'aliments dont l'absence se fait particulièrement sentir : les légumes verts et les crudités, ce qui tombe parfaitement à point puisque c'est justement le moment de les introduire.

Pour être parfaitement clair, tout ce qui était permis dans le régime des protéines pures reste permis avec la même liberté pour les quantités, les horaires et les mélanges. Ne faites pas l'erreur parfois commise qui consiste à ne se nourrir que de légumes en supprimant les protéines.

Légumes autorisés et légumes interdits

Désormais, en plus des aliments protéinés, vous avez droit à tous les légumes crus ou cuits, et là aussi, sans aucune restriction de quantité, d'horaire ou de mélange. Sont donc permis tomates, concombres, radis, épinards, asperges, poireaux, haricots verts, poireaux, choux, champignons, céleri, fenouil, toutes les salades y compris les endives, les blettes, aubergines, courgettes, poivrons et même les carottes et les betteraves à condition de ne pas en consommer à chaque repas.

Sont interdits ceux qui sont désignés comme des féculents : les pommes de terre, le riz, maïs, pois, petits pois frais ou pois secs, pois chiche et pois cassés, fèves, lentilles, flageolets. Sans oublier l'avocat qui n'est pas un légume mais un fruit et, de surcroît, un oléagineux très gras mais que certains sont tentés de consommer car il est souvent pris pour un légume de couleur verte.

L'artichaut et le salsifis, à mi-chemin entre le légume vert et le féculent doivent aussi être supprimés car ils ne peuvent bénéficier de la totale liberté quantitative dont bénéficient les autres légumes.

Comment préparer ces légumes ?

En crudités

Pour tous ceux dont l'intestin tolère les légumes crus, il est toujours préférable de consommer les légumes dans leur totale fraîcheur et sans les cuire pour éviter l'évasion d'une bonne part de leurs vitamines.

• **Le problème de l'assaisonnement.** Sous d'innocentes apparences, l'assaisonnement pose l'un des problèmes majeurs de la diététique amaigrissante. En effet, pour bien des gens, crudités et salades représentent la base même d'une alimentation de régime, peu calorique et riche en fibres et en vitamines. Ce qui est parfaitement exact, mais c'est oublier la sauce d'accompagnement qui bouleverse radicalement ce bel ensemble de qualités. Ainsi, pour prendre un exemple simple, dans un saladier ordinaire contenant deux belles laitues ou endives et deux cuillers à soupe d'huile, il y a 20 calories de salade et 280 calories d'huile, invasion insi-dieuse expliquant l'échec de tant de régimes à base de salades dites composées desquelles on oublie de décompter la valeur calorique des sauces.

Il faut aussi lever une ambiguïté concernant l'huile d'olive. Si cette huile mythique et symbole de la civilisation méditerranéenne est unanimement reconnue comme l'huile de référence de la protection cardio-vasculaire, elle n'en est pas moins riche en calories que les autres huiles du marché.

Pour toutes ces raisons, pendant toute la phase amaigrissante de Protal, il est donc fondamental d'éviter de préparer les légumes verts et les crudités avec une sauce contenant une quelconque huile de table.

La vinaigrette à la paraffine

C'est la meilleure solution de remplacement à condition de ne pas avoir d'idées préconçues ni de diarrhée chronique.

L'huile de paraffine présente deux avantages majeurs : elle ne contient aucune calorie et, très bon lubrifiant, elle facilite le transit intestinal, et quelles que soient les rumeurs que vous entendrez au sujet de cette huile, n'en tenez pas compte, son usage, même prolongé ne pose aucun problème. Son seul inconvénient concerne son dosage qui, s'il est trop élevé, fait peser le risque de légères fuites pouvant tacher les sous-vêtements.

Pour éviter ce type d'inconvénients et alléger sa consistance un peu plus lourde que celle de l'huile de table, préparez votre vinaigrette avec le mélange suivant :

- une dose d'huile de paraffine ;
- une dose d'eau pétillante ;
- une dose de moutarde ;
- et une dose ou deux selon les goûts de vinaigre.

Choisir de préférence de l'eau de Perrier qui facilite l'émulsion de la paraffine.

Choisir aussi avec grand soin un vinaigre de qualité, tel le vinaigre de Xérès, le vinaigre balsamique mais plus particulièrement le vinaigre de framboise, qui est parfaitement adapté à ce type de sauce car il est à la fois fruité et acidulé.

Il faut savoir que le vinaigre est un condiment pouvant jouer un rôle majeur au cours de tout régime amaigrissant. On sait en effet depuis peu que l'homme dispose de la perception de quatre saveurs universelles : le sucré, le salé, l'amer et l'aigre et que le vinaigre est le seul aliment du registre alimentaire humain permettant cette précieuse et rare sensation de l'aigre.

D'autre part, de récents travaux ont aussi prouvé l'importance des sensations de bouche, de la quantité et de la variété des saveurs sur la production du rassasiement et de la satiété.

On sait par exemple aujourd'hui que certaines épices fournissant des saveurs extrêmes, notamment le clou de girofle, le gingembre, l'anis étoilé, la cardamome permettent l'accumulation de sensations puissantes et pénétrantes qui ont le pouvoir d'élever la jauge de l'hypothalamus, centre cérébral chargé de les comptabiliser jusqu'à déclenchement de la satiété. Il est donc très important d'utiliser autant que faire se peut et si possible en début de repas toute la gamme de ces épices et de tenter de s'y habituer si l'on n'est pas un amateur inconditionnel.

Sauce au yaourt ou au fromage blanc

Pour ceux qui ne se résoudraient pas à l'usage de la paraffine, il est possible de se préparer une sauce savoureuse et naturelle avec un laitage allégé.

Choisir un yaourt nature, plus onctueux que le maigre et à peine plus calorique.

Ajouter une cuiller à soupe rase de moutarde de Dijon et battre pour faire monter le mélange à la manière d'une mayonnaise jusqu'à prise en masse. Ajouter alors un filet de vinaigre, du sel, du poivre et des herbes.

Sous forme de garniture cuite

C'est le moment d'utiliser les haricots verts, les épinards, les poireaux, les choux de toute nature, les champignons, les endives braisées, le fenouil, le céleri.

Ces légumes peuvent être cuits à l'eau, bouillis ou, mieux, à la vapeur pour conserver le maximum de vitamines.

On peut aussi les préparer au four dans le jus de la viande ou du poisson tels le classique loup au fenouil, la dorade à la tomate ou le chou farci à la viande de bœuf.

Enfin la cuisson en papillote conjugue tous les avantages, tant au niveau du goût que de la valeur nutritionnelle avec un avantage décisif pour le poisson et tout spécialement le saumon qui conserve son moelleux sur un lit de poireau ou de caviar d'aubergine.

L'introduction des légumes après la période d'attaque des protéines a apporté de la fraîcheur et de la variété au régime d'attaque initial. Il le rend plus facile et plus confortable. Il est désormais pratique de commencer son repas avec une salade bien assaisonnée, riche en couleurs et en saveurs ou le soir et en hiver avec une soupe puis de passer au plat de viande ou de poisson mijoté dans des légumes parfumés et aromatisés.

Quantité de légumes autorisée

En principe, la quantité n'est pas limitée. Mais il est conseillé de ne pas dépasser les limites du bon sens pour simplement braver cette absence de restriction. Je connais des patients qui s'installent devant de monstrueux raviers de salades mélangées et qui grignotent sans faim, tout comme ils mâcheraient du chewing-gum. Prenez garde à cette tentation, les légumes ne sont pas inoffensifs, mangez-en jusqu'à totale satisfaction de la faim mais pas au-delà. Cela ne change en rien le principe de non-restriction quantitative qui est au cœur du plan Protal ; quelle que soit la quantité ingérée, la perte de poids se maintiendra mais à un rythme moins soutenu et par là même moins encourageant.

À ce propos, je dois vous avertir d'une réaction fréquente qui survient lors du passage du régime d'attaque strictement protéiné au régime amélioré par l'introduction des légumes.

Très souvent, l'amaigrissement a été spectaculaire pendant la première phase et puis, dès l'introduction des légumes, la balance semble figée et cesse de descendre et menace même d'une légère reprise. Ne vous inquiétez pas, vous n'êtes pas sur la mauvaise pente, mais que se passe-t-il ?

Au cours de la phase d'attaque, l'alimentation limitée aux seuls aliments protéinés développe un puissant effet hydrofuge qui, non seulement fait perdre de la graisse de réserve, mais fait fuir une forte quantité d'eau qui stagnait depuis longtemps dans l'organisme. C'est cet effet d'addition qui explique l'importance de la perte massive qu'enregistre la bascule.

Mais dès que les légumes viennent s'ajouter aux protéines, cette eau, artificiellement chassée, revient et explique cette subite et incompréhensible stagnation. La perte réelle de poids, celle liée à la fonte des graisses, persiste, bien que réduite par l'introduction des légumes, mais elle est camouflée par le retour de l'eau. Un peu de patience et dès la reprise du régime des protéines pures, la grande chasse d'eau s'exercera de nouveau et révélera le poids réellement perdu.

Sachez cependant que dans cette période de régime alternatif qui sera votre lot jusqu'à atteinte du poids fixé, c'est toujours la phase des protéines sans légumes qui tracte la machine et qui est responsable de l'efficacité générale. Ne vous étonnez donc pas de voir le poids descendre en marches d'escalier, chutant avec les protéines pures et plafonnant avec le retour des légumes.

Rythme d'alternance

Le régime des protéines alternatives, bénéficiant de l'élan et de la vitesse acquise fournis par le régime d'attaque des protéines pures, a désormais la responsabilité de conduire jusqu'au poids choisi. Il occupera donc la plus grande partie du volet strictement amaigrissant du plan Protal.

L'adjonction rythmée des légumes réduit beaucoup l'impact des protéines pures et donne à l'ensemble de ce deuxième régime une allure syncopée tant dans l'organisation des repas que dans l'obtention des résultats. En effet, la perte de poids va au fil des semaines se concentrer sur les périodes de protéines pures au cours desquelles l'organisme n'a pas les moyens de résister à la violence de ce régime, mais à chaque fois que les légumes referont leur apparition, le corps retrouvera le contrôle de la situation et sera en mesure de résister. Le tout réalisant des pauses entrecoupées d'accélérations, une série de conquêtes suivies de repos qui conduisent néanmoins et alternativement jusqu'au but.

Quel rythme devra suivre ce régime alternatif ?

• Le plus efficace et celui qui correspond le mieux au profil psychologique du gros est le 5/5, cinq jours de régime protéines pures suivis de cinq jours de protéines associées à des légumes. Ce n'est pas le plus facile, mais le gros en action aime paradoxalement la difficulté si celle-ci paie. Et dans les faits, cette cadence est celle qui offre les meilleures performances.

- Une autre solution est la cadence 1/1, une journée de protéines pures alternant avec une journée à légumes. Cette alternance est celle qui convient le mieux aux surcharges légères, inférieures à 10 kg, ou aux volontés émoussées. C'est aussi une solution que l'on peut utiliser à la suite d'une période réalisée avec le rythme 5/5 pour faire une pause et reprendre souffle.

- Il existe une troisième solution qui convient aux surcharges minimes, la cadence 2/7 qui associe deux jours par semaine de protéines pures à cinq jours de protéines + légumes.

- Une variante du 2/7 est le 2/0, soit deux jours de protéines pures par semaine et cinq jours ordinaires, sans régime particulier, mais sans excès particuliers. C'est le régime et la cadence qui conviennent le mieux aux femmes cellulitiques, souvent très minces de la partie supérieure du corps, buste, poitrine, visage, et arborant des hanches et surtout des cuisses luxuriantes. Ce régime permet, surtout si on le couple à un traitement local (mésothérapie) d'obtenir les meilleurs résultats locaux en épargnant le plus possible le haut du corps.

Quelle perte de poids peut-on attendre ?

Lorsque la surcharge est très importante, de l'ordre de vingt kilos ou plus, la perte obtenue est difficile à fixer pour chaque semaine, mais l'expérience prouve que la perte moyenne s'établit autour de un kilo par semaine.

Dans la première moitié du régime, la perte est en générale supérieure au kilo, proche du kilo et demi en début de régime, ce qui permet habituellement de perdre les dix premiers kilos en un peu moins de deux mois.

Passés les deux premiers mois, la courbe pondérale s'infléchit progressivement en raison d'un processus métabolique de défense que je vous décrirai en détail au moment du régime de consolidation, troisième phase du plan Protal. La courbe stationne un moment autour du kilo par semaine puis passe sous la barre psychologique du kilo avec quelques périodes de stagnation dans les moments d'abandon ou, chez la femme, au cours du syndrome prémenstruel.

À ce propos, il faut savoir que l'organisme accepte sans trop de résistance la perte des premiers kilos. Il réagit bien davantage lorsque le pillage de ses réserves devient plus menaçant.

En théorie, ce serait donc le moment de renforcer encore le régime. Mais en pratique, c'est souvent l'inverse qui se produit. Les volontés les mieux trempées finissent parfois par s'éroder, les tentations longtemps repoussées, les invitations différées se font plus insistantes. Mais la vraie menace vient d'ailleurs. La perte des dix premiers kilos entraîne une amélioration franche de l'état général, la forme, la souplesse reviennent, l'essoufflement disparaît, les compliments affluent ainsi que la satisfaction de pouvoir remettre des vêtements interdits.

Le tout se conjuguant et le classique argument du « pour une fois » aidant, la belle et franche détermination du début cède la place à des abandons suivis de reprises en main drastiques qui créent une situation chaotique et syncopée rapidement menaçante.

C'est dans de telles conditions que le gros, jusque-là victorieux, risque de s'endormir sur ses lauriers, stagner et finir par abandonner son pari. Il faut savoir qu'à mi-parcours, dans ces eaux dangereuses de la lassitude et de l'autosatisfaction propres à tout régime amaigrissant prolongé, un obèse sur deux tombe dans ce piège et s'effondre.

Dans ce cas, il a trois manières possibles d'évoluer :

- Soit abandonner le régime et sombrer avec complaisance dans des comportements revanchards et compulsifs mais avec un profond sentiment d'échec qui conduit à une reprise de poids très rapide et un dépassement fréquent du poids initial.

- Soit se ressaisir et après avoir retrouvé un second souffle, revenir fermement au régime du départ et tenir jusqu'à atteindre l'objectif fixé.

- Soit se sentir incapable d'aller plus loin mais tout faire pour conserver au moins le fruit de son effort et, pour cela, interrompre la phase amaigrissante du plan Protal pour passer directement à la phase de consolidation, bien plus diversifiée et de durée facile à établir (10 jours par kilo perdu) puis à son régime de stabilisation définitive qui laisse libre court à la spontanéité alimentaire avec un seul jour de régime protéines pures par semaine de rappel.

Combien de temps doit durer le régime ?

Le régime des protéines alternatives est le cœur palpitant du plan Protal. C'est à lui que revient, après l'amorce foudroyante du régime d'attaque, de conduire d'un seul tenant jusqu'au poids désiré et fixé dès le début.

Si l'on considère le cas d'une obésité franche et d'une surcharge de 20 kg on peut, si le cas ne présente pas de difficultés particulières, espérer obtenir cette perte en 20 semaines de régime alternatif, soit en un peu moins de cinq mois.

Lorsque le cas est plus difficile :

- Soit pour des raisons de type psychologique, une volonté faible, une motivation floue.

- Soit pour des raisons physiologiques, une tendance familiale à l'obésité.

- Soit pour des raisons historiques, un parcours semé d'échecs et l'usage de multiples régimes mal choisis, mal conduits ou abandonnés en cours de route.

- Soit enfin chez la femme lors de la traversée des carrefours dangereux de la vie hormonale, au moment de la prépuberté chaotique avec installation anarchique des règles, de la grossesse, et surtout au moment de la préménopause et de la ménopause confirmée et tout particulièrement lors d'instauration de traitements de substitution hormonale sans subtilité.

Dans tous ces cas, la progression de la perte est ralentie et demande des ajustements particuliers. Cependant, même dans ces cas difficiles, l'élan du régime initial reste toujours aussi percutant ainsi que l'allure des deux ou trois premières semaines qui brise toutes les résistances et les inhibitions latentes, ce qui procure en général une perte de 4 à 5 kg.

À partir de là, les vieux démons peuvent resurgir et réduire l'allure.

- Le sujet doué d'une forte prédisposition à la surcharge passera en un peu moins d'un mois sous la barre du kilo hebdomadaire pour tenir une allure acceptable de 3 kg par mois pendant deux à trois mois, ce qui, cumulé à la perte initiale approche des 15 kg. À ce stade, la perte mensuelle va encore se réduire pour s'établir autour des 2, voire 1,5 kg par semaine. La question pour eux est simple : le jeu en vaut-il la chandelle ? Le plus souvent la réponse est non. Sauf cas particulier d'indication formelle à la perte de poids tels un diabète menaçant ou une arthrose sévère et inopérable ou une raison personnelle impérative, il est préférable de ne pas insister pour ne pas menacer le résultat acquis, prendre son bénéfice en consolidant puis en stabilisant et attendre des jours meilleurs et un retour au calme de l'organisme pour atteindre le but initialement fixé. Bilan de l'opération : 15 kg perdus en 4 mois de régime alternatif.

• Le sujet peu motivé ou à faible volonté est plus mal loti. Lui aussi perdra ses 4 ou 5 premiers kilos et la tentation et les abandons apparaîtront aussitôt. Dans le meilleur des cas, si l'entourage est pressant et l'aide soutenue, notamment celle du médecin, il est possible d'espérer une perte complémentaire de 5 kg en 5 semaines et passer d'urgence à la consolidation et encore plus vite à la stabilisation définitive qui doit malgré tout imposer un jour par semaine de régime protéines pures à vie, à accepter impérativement et dès le départ ou éviter catégoriquement d'entrer dans le plan Protal. Bilan de l'opération : 10 kg en deux mois et demi de régime alternatif.

• Le vacciné aux régimes mal choisis ou mal conduits trouve ici sa meilleure indication. Le régime d'attaque passe aussi chez lui à la manière d'un bulldozer se jouant de toute résistance. Lui aussi bénéficiera des 5 premiers kilos obtenus en trois semaines, mais il pourra, s'il se tient fermement aux consignes précises du plan Protal et de ses quatre régimes intégrés successifs, continuer à maigrir sans désemparer pour obtenir ses 20 kg en 6 mois de régime alternatif, soit peu de différence avec le cas facile, car la vaccination aux régimes préalables ne concerne que les phases de protéines associées aux légumes mais pas les périodes de protéines pures. Il faut savoir que le plan Protal peut être repris ultérieurement sans grand risque d'usure, cette résistance à la vaccination tient à l'impact des protéines alternatives.

• La femme sous éclairage hormonal excessif ou déréglé est celle qui est à la fois la plus malmenée par sa physiologie et ses hormones et la plus accrochée à son entreprise et dont on peut être assuré qu'elle maintiendra le mieux la pression du régime. Chez elle, la résistance au régime est telle que même les premiers kilos obtenus sans coups férir par toutes les autres catégories de cas difficiles peuvent se révéler difficiles à décrocher. Il est donc impératif pour elle et avant de démarrer son plan Protal de mettre de l'ordre dans sa situation hormonale. Ceci est du registre de son gynécologue ou de son généraliste mais elle doit savoir que la prise de poids occasionnée par la ménopause n'est pas une fatalité et que s'il existe effectivement une période difficile, elle peut être traversée après une attente armée qui ne dure guère plus de six mois à un an et que l'instauration du traitement hormonal, s'il est bien conduit en partant des dosages les plus légers pour atteindre progressivement la dose utile, est souvent le meilleur moyen de parvenir à perdre du poids efficacement. Bilan des opérations : sans modification du terrain ni régulation hormonale spécialisée, la perte de 20 kg peut durer un an et être vécue comme un calvaire de chaque jour, mais il y a des femmes pour le faire. Avec une aide spécialisée bien conduite, le choix d'hormones naturelles et l'usage parfois nécessaire d'antialdostérone qui facilite les éliminations et les œdèmes irréductibles, les 20 kg peuvent être obtenus en six à sept mois de régime alternatif.

Résumé mémento
du régime de croisière

Conserver tous les aliments autorisés dans le régime d'attaque et ajouter les légumes crus ou cuits suivants, sans restriction de quantité, de mélange ou d'horaires : tomates, concombres, radis, épinards, asperges, poireaux, haricots verts, poireaux, choux, champignons, céleri, fenouil, toutes les salades y compris les endives, les blettes, aubergines, courgettes, poivrons et même les carottes et les betteraves à condition de ne pas en consommer à chaque repas. Tout au long de cette phase de croisière, faire alterner période de protéines avec légumes et période de protéines sans légumes jusqu'à obtention du poids fixé.

Le régime de consolidation du poids perdu : Indispensable palier de transition

Nous voilà parvenus, soit au poids idéal, soit au poids accepté et fixé en début de régime, soit au poids de résignation accepté comme un pis aller ou une demi-victoire en sachant que l'investissement, pour persévérer, est trop coûteux et risque de menacer l'édifice.

Le temps des fortes contraintes est donc passé, vous êtes enfin en terrain plat. Votre organisme et vous-même avez fourni un effort prolongé, vous êtes récompensé, mais un immense danger vous menace, le triomphalisme. Vous êtes au poids qui vous convient mais ce poids que vous portez ne vous appartient pas encore. Vous êtes dans la situation d'un voyageur dont le train entre en gare pour une brève halte dans une ville inconnue et qui s'en estimerait l'habitant, sans même la connaître ou y avoir vécu. Rien de moins sûr ; le train peut repartir d'un instant à l'autre avec vous, et si vous décidiez vraiment d'y rester, encore faudrait-il que vous y transportiez vos valises, que vous y trouviez un logement, un emploi et des amis. Il en va de même du poids que vous venez d'obtenir ; ce poids sera réellement à vous si vous prenez le temps de l'apprivoiser et si vous lui accordez l'effort minimum nécessaire à sa conservation.

Débarrassez-vous donc de l'illusion qui vous porterait à croire que vous êtes enfin débarrassé de vos problèmes de poids et que vous pouvez dès à présent revenir à vos anciennes habitudes.

Ce serait catastrophique car les mêmes causes entraînant les mêmes effets, vous ne tarderiez pas à retrouver votre poids de départ. Il n'est cependant pas question de conserver indéfiniment le type d'alimentation de combat que vous venez de suivre. Qui pourrait l'accepter ?

Toutefois, la prise de poids qui vous avait conduit à suivre ce régime, surtout si elle était importante ou, pire, récidivante, n'était certainement pas accidentelle. Qu'elle soit d'origine familiale ou acquise, elle est désormais, telle une information mémorisée dans un ordinateur, inscrite dans votre disque dur et n'en sortira plus. Il vous faudra donc dans l'avenir trouver un moyen, le moins contraignant possible, à incorporer définitivement à votre mode de vie pour lutter contre cette tendance et ne pas grossir à nouveau.

Ce moyen existe, c'est le thème de la quatrième phase du plan Protal et son régime de stabilisation ultime.

Mais vous n'y êtes pas encore car votre organisme est toujours sous le coup des contraintes du régime suivi pendant les mois qui viennent de passer. Vous êtes toujours un candidat prédisposé à la surcharge pondérale, mais cette tendance à l'embonpoint est actuellement démultipliée par les réactions de défense de l'organisme déclenchées par le pillage de ses réserves.

Il faut donc commencer par faire la paix avec votre corps qui n'attend que l'occasion de refaire ses réserves. C'est l'objectif de ce palier de consolidation du poids perdu que je vais vous proposer ici et qui, à son terme, ouvrira la porte dont rêve tout candidat à l'amaigrissement : la stabilisation définitive et sa mesure minimale, la journée hebdomadaire de sécurité qui sera le thème du quatrième et dernier régime de Protal.

Pour être à même de bien suivre le pallier de stabilisation que je vais vous proposer ici, vous devez comprendre pourquoi vous êtes actuellement trop vulnérable et votre corps trop exaspéré et trop soumis au phénomène du rebond pour passer dès à présent à la stabilisation.

Après cette brève et indispensable explication théorique nous verrons dans le détail comment suivre en pratique ce palier de consolidation, avec quels nouveaux aliments et pendant combien de temps.

Le phénomène du rebond

Lorsqu'un organisme vient de perdre un bon nombre de kilos sous la pression d'un régime efficace, plusieurs réactions apparaissent qui vont concourir à lui faire reprendre ce poids.

Comment expliquer ces réactions? Pour les comprendre, il faut savoir ce que signifie la formation de graisses de réserve pour un organisme normal. Le stockage de la graisse au cours d'une alimentation dont les apports sont supérieurs aux dépenses est un moyen simple d'épargner un certain nombre de calories inutilisables sur le moment, mais qu'il importe de ne pas laisser fuir afin de pouvoir s'en servir ultérieurement si les sources alimentaires venaient à se tarir.

C'est la manière la plus simple inventée par la nature pour préserver et stocker de l'énergie sous la forme la plus concentrée connue dans le règne animal (9 calories/gramme).

De nos jours, et dans un monde où la nourriture est si facilement accessible, on peut s'interroger sur la raison d'être de tels mécanismes.

Mais il faut, encore une fois, se souvenir que nos structures biologiques n'ont pas été conçues pour un tel monde ; elles se sont mises en place à une époque où l'accès à la nourriture était occasionnel, hasardeux, et toujours la récompense d'une activité ou d'un combat acharné.

La possession de ces graisses aujourd'hui embarrassantes a dû représenter, pour les premiers humains, un précieux outil de survie.

C'est dire qu'un organisme dont la programmation biologique n'a guère évolué depuis l'origine accorde toujours la même importance à ces graisses sécurisantes, et assiste avec une certaine détresse à leur pillage.

Un organisme qui maigrit prend le risque de se trouver totalement dépourvu devant le moindre incident de parcours alimentaire. C'est pourquoi il va réagir car il est biologiquement menacé. Et toutes ses réactions n'auront qu'un seul et même objectif : reconquérir aussi vite que possible l'essentiel de ses graisses perdues. Pour ce faire, votre corps dispose de trois moyens très efficaces :

- Le premier consiste à déclencher et aiguiser la sensation de faim responsable du comportement d'appétence envers la nourriture, et cette réaction est d'autant plus forte que le régime aura été frustrant. Sur le plan biologique et instinctif, la plus grande des frustrations alimentaires est fournie par les repas en poudre responsables, lorsque ces diètes ont été trop exclusives et trop longues, d'explosions boulimiques et de comportements compulsifs.

- Le deuxième moyen utilisé par l'organisme consiste à réduire ses dépenses énergétiques. Lorsque le salaire d'un individu baisse, sa première réaction est de moins dépenser. Une réaction similaire se met en place au niveau des organismes biologiques.

C'est pourquoi, au cours de régimes amaigrissants, nombreux sont les patients qui se plaignent de devenir frileux. C'est la conséquence des réductions de dépenses de chauffage.

Il en va de même de la fatigue, sensation dont le but est de faire perdre l'envie de l'effort inutile. Toute activité excessive devient alors pénible, chaque geste s'effectue au ralenti. La mémoire et le travail intellectuel, grands consommateurs d'énergie, s'en ressentent également. Le besoin de repos et de sommeil, sources d'économies, devient plus impérieux. Les cheveux et les ongles poussent moins vite. Bref, en cours d'amaigrissement prolongé, l'organisme hiberne pour s'adapter.

• Enfin, la troisième réaction de l'organisme, la plus efficace et la plus dangereuse, tant pour celui qui tente de maigrir que pour le candidat à la stabilisation, consiste à mieux assimiler les calories alimentaires et à en tirer le profit maximum.

Un individu qui ordinairement tirait 100 calories d'un innocent petit pain au lait réussira, en fin de régime, l'exploit d'en soutirer 120 à 130.

Chaque aliment sera passé au crible et livrera sa « substantifique moelle ». Cette augmentation des performances du pompage des calories se situe dans l'intestin grêle, l'interface entre le milieu extérieur et le sang.

Augmentation de l'appétit, réduction de toutes les dépenses et extraction maximale conjuguent leurs efforts pour transformer l'ancien gros amaigri en une véritable éponge à calories.

C'est en général le moment où notre patient, satisfait du résultat obtenu, estime qu'il peut enfin baisser les bras et se laisser aller à ses anciennes habitudes, et c'est la raison la plus naturelle, et la plus fréquente, des reprises de poids rapides.

C'est donc après un régime bien conduit, quand on a atteint le poids désiré qu'il conviendra d'être le plus prudent. C'est la période dite du rebond car, comme une balle qui vient de toucher le sol, le poids a tendance à rebondir.

Combien de temps dure cette réaction de rebond ?

Aucun moyen naturel ou thérapeutique n'existe à ce jour pour éviter ou réduire le rebond, le meilleur moyen de s'en protéger est d'abord d'en connaître la durée pour lui opposer pendant ce laps de temps, clairement identifié, une stratégie alimentaire adaptée.

J'ai longtemps et patiemment observé cette explosion métabolique sur un grand nombre de patients, et j'en ai conclu que la période de haut risque de reprise pondérale durait environ 10 jours par kilo perdu, soit 30 jours ou un mois pour 3 kg, 90 jours ou un trimestre pour 9 à 10 kg.

J'accorde beaucoup d'importance à cette règle, car, là encore, c'est le flou ou l'absence d'information qui fait courir le plus grand risque au gros qui vient de terminer son régime. La connaissance du péril et de sa durée peut considérablement aider un gros averti à traverser la période de transition et à accepter sans trop souffrir le complément d'effort indispensable à la neutralisation du rebond.

Le simple temps qui passe, sans abandon excessif, permettra à son organisme réactif, conservateur et en alerte de s'apaiser. Au bout du tunnel l'attendent une mer calme et mon plan de stabilisation définitive, avec un seul jour de régime par semaine.

Entre-temps, il lui faudra suivre un régime nouveau, un régime d'ouverture qui n'est pas un régime amaigrissant car il n'est plus question de maigrir, mais pas encore un régime libre de toute contrainte, c'est une liberté surveillée destinée à maîtriser les réactions excessives de l'organisme et à empêcher le rebond du poids.

Comment choisir un bon poids de stabilisation ?

Il est difficile d'entrer en stabilisation, surtout si l'on a en tête de tout faire pour ne plus jamais reprendre ce poids si difficilement perdu, sans avoir un objectif pondéral précis, sans avoir défini pour l'avenir un poids à la fois gratifiant et conservable. Je me dois donc de vous donner ici mon avis car j'ai trop souvent assisté à des échecs dont la cause principale était un choix irréaliste de ce poids de stabilisation.

Il existe un grand nombre de formules abstraites qui tentent de définir le poids idéal en fonction de la taille, de l'âge, du sexe et de l'ossature.

Toutes ces formules sont théoriquement applicables, mais je m'en méfie beaucoup, car elles intéressent des individus statistiques qui n'existent pas dans la réalité. Elles ne tiennent pas non plus compte de ce qui fait la marginalité de l'obèse, c'est-à-dire sa prédisposition à prendre du poids.

J'aurais donc tendance à substituer à ce poids théorique la notion plus valable de *poids stabilisable*. Et ce n'est pas du tout la même chose.

Le meilleur moyen de calculer un bon poids de stabilisation, c'est de demander au gros lui même de définir le poids qui lui est le plus facile à atteindre et à partir duquel il se sent « bien dans sa peau ». Ceci pour deux raisons.

Tout d'abord, chaque obèse aura remarqué qu'il existe des niveaux de poids où il maigrit facilement, d'autres où cela devient plus difficile, et enfin des zones extrêmes où, quel que soit le régime entrepris, son poids est mystérieusement bloqué. Dans son expérience apparaît la notion de « *plateau* » qu'il est difficile de franchir.

Tenter de stabiliser son poids dans cette dernière zone est une ineptie, car l'effort nécessaire pour l'atteindre est disproportionné par rapport au résultat obtenu. Dans l'hypothèse où un tel poids aurait cependant été atteint, vouloir le conserver demanderait trop d'efforts, insupportables sur une longue durée.

De plus, pour des cas de surcharge chronique, j'accorde beaucoup plus d'importance à la notion de bien-être qu'à la valeur symbolique d'un chiffre abstrait et prétendu normal. Le prédisposé à la surcharge n'est pas un être normal. Ceci n'a rien de péjoratif, mais cela sous-entend qu'il ne faut pas lui conseiller un poids de stabilisation inadapté à sa nature. Ce qu'il lui faut, c'est pouvoir vivre normalement, en acceptant un poids où il se sente à l'aise. Et c'est déjà une prouesse s'il peut le conserver.

Enfin, il faut que le gros garde en mémoire les poids maximum et minimum atteints au cours de ses grandes variations pondérales. Car le poids maximum obtenu, quel que soit le temps où il y

est resté est inscrit à jamais dans son organisme.
Prenons un exemple concret :

Imaginez une femme de 1,60 m qui a, un seul jour dans sa vie, pesé 100 kg. Il est à tout jamais impossible à une telle femme d'espérer se stabiliser à 52 kg comme certaines tables théoriques pourraient le lui suggérer. La mémoire biologique de son organisme gardera un souvenir de son poids maximum, et qui ne s'effacera jamais. Lui proposer d'atteindre et de conserver 70 kg semble sur le papier, beaucoup plus souhaitable, à la condition expresse qu'elle se sente déjà à l'aise à ce poids.

Enfin, il est un autre cliché doublé d'une erreur totale dont il convient de se débarrasser. La majorité des gros et des moins gros s'imaginent qu'ils se stabiliseront mieux à un certain poids s'ils commencent par descendre à un poids nettement inférieur.

Vouloir par exemple atteindre 60 kg pour se stabiliser à 70 est plus qu'une erreur, c'est une faute, car l'effort de volonté ainsi gaspillé manquera cruellement au moment d'entreprendre la stabilisation. Et surtout, plus on tente d'abaisser le poids d'un organisme, plus il sera réactif et aura tendance à rebondir vers le haut.

En conclusion, il faut choisir un poids « stabilisable », suffisamment élevé pour être accessible sans se perdre en chemin, et assez bas pour pouvoir fournir de la gratification et suffisamment de bien-être pour être enclin à le conserver.

Pratique quotidienne du régime de transition

Vous venez de terminer votre dernier jour du régime des protéines alternatives et sur la balance vous venez de lire pour la première fois le chiffre fatidique, le poids que vous vous étiez fixé en démarrant.

Comme bien d'autres avant vous, emporté par l'élan, vous serez tenté de continuer pour avoir une marge de sécurité. N'en faites rien, les dés sont jetés, vous avez voulu ce poids, vous l'avez, il faut mettre toutes vos forces en jeu pour tenter de le conserver, et ce n'est pas une formalité, puisque *un échec sur deux survient dans les trois premiers mois qui suivent l'accès au poids désiré.*

Durée du régime

La durée de ce régime de transition se calcule en fonction du poids perdu, sur la base de 10 jours du nouveau régime par kilo perdu. Si vous venez de perdre 20 kg, il vous faudra donc le suivre pendant 20 fois 10 jours, soit 200 jours ou 6 mois et 20 jours, et pour 10 kg, 100 jours. Chacun calculera le plus facilement sur cette base le temps exact qui le sépare de la stabilisation définitive.

Vais-je pour autant vous donner le régime de stabilisation dès maintenant ? Non, vous le savez maintenant, vous êtes actuellement trop vulnérable et semblable à un plongeur sous-marin qui remonte des profondeurs et qui doit observer un palier de sécurité, et c'est le rôle du régime que je vais vous indiquer ici.

Pendant toute la durée de cette consolidation du poids, vous suivrez donc le plus fidèlement possible le régime qui va suivre et dans lequel vous pourrez consommer à votre guise les aliments suivants :

Les protéines et les légumes

Jusqu'à présent, pendant toute la durée du régime de croisière, vous vous êtes nourri alternativement de protéines entrecoupées de protéines + légumes, c'est dire que vous connaissez bien ces deux catégories d'aliments. Désormais, l'alternance n'a plus cours, protéines et légumes sont à vous, intégralement et ensemble.

Protéines et légumes constituent un socle stable et incompressible sur lequel vous allez désormais composer le palier de stabilisation qui nous intéresse ici ainsi que la stabilisation définitive qui lui fera suite. C'est dire l'intérêt de ces deux catégories majeures d'aliments qui, pour le restant de votre vie, pourront être consommés sans aucune limitation de quantité, à l'heure qui vous plaira et dans les proportions et les mélanges qui vous conviendront.

Vous en connaissez probablement tous les éléments, mais je vous les rappelle brièvement pour éviter tout risque de malentendu. Pour de plus amples détails, vous en trouverez la liste complète dans les chapitres consacrés au régime d'attaque et au régime des protéines alternatives. Ce sont donc :
- les viandes maigres, morceaux les moins gras du bœuf, veau, cheval ;
- les poissons et les fruits de mer ;
- la volaille sans peau à l'exception du canard ;
- les œufs ;
- les laitages maigres ;
- deux litres d'eau ;
- les légumes verts et les crudités.

Sur cette base qui vous est familière, Protal ajoute maintenant de nouveaux aliments qui vont améliorer votre quotidien et que vous pouvez introduire dès à présent dans les proportions et les quantités suivantes.

Une portion de fruit par jour

Voilà l'occasion de parler de cet aliment que l'on considère volontiers comme le type même de l'aliment sain.

C'est partiellement vrai dans la mesure où il s'agit d'un produit strictement naturel et donc dépourvu de toxicité. D'autre part, c'est une des meilleures sources connues de vitamine C et de carotène.

Mais ces deux atouts sont magnifiés par deux récentes préoccupations de la civilisation occidentale : le goût d'un retour inconditionnel au naturel, et la croyance aux vertus magiques des vitamines.

Or, ce qui est naturel n'est pas systématiquement bénéfique, et les vitamines ne sont pas aussi indispensables que le prétend une certaine mode importée des États-Unis.

En fait, les fruits représentent le seul aliment naturel qui contienne ce que les diabétologues appellent des sucres d'assimilation rapide. Tous les autres aliments qui nous en procurent sont des aliments conçus et élaborés par l'homme.

Le miel, par exemple est un aliment dérobé. C'est une sécrétion animale, une sorte de lait de croissance destiné aux seules abeilles immatures, et que l'on s'approprie pour le seul plaisir du palais.

Le sucre raffiné, le sucre blanc, n'existe pas sous cette forme dans la nature. C'est un aliment artificiel extrait industriellement de la canne à sucre ou chimiquement de la betterave.

Le fruit lui-même à l'état sauvage est un aliment rare qui fut longtemps un simple gadget de table, une récompense colorée et gratifiante pour l'homme. Seule sa culture intensive et sélective peut nous donner aujourd'hui l'illusion d'un approvisionnement facile. Enfin, la plupart des fruits très sucrés comme l'orange, la banane, la mangue sont des aliments importés de régions très lointaines et exotiques et introduits fort récemment dans notre alimentation grâce aux progrès des moyens de transport, ce qui explique probablement les allergies parfois graves, certaines mortelles à certains fruits exotiques (kiwi ou arachide).

En fait, le fruit n'est pas le prototype de l'aliment sain et naturel. Consommé en grandes quantités, il peut se révéler dangereux, en particulier chez le diabétique et nous y sommes, chez le gros habitué à grignoter des fruits en dehors des repas.

Tous les fruits vous sont autorisés, à l'exception de la banane, du raisin, des cerises et des fruits secs (noix, noisettes, cacahuètes, amandes pistaches ou noix de cajou).

En ce qui concerne la notion de ration, c'est souvent l'unité pour les fruits de la taille d'une pomme, d'une poire, d'une orange, d'un pamplemousse, d'une pêche, d'un brugnon, d'une nectarine. Pour des fruits de plus petite ou de plus grande taille, c'est la ration habituelle, une coupe de fraise ou de framboise, une tranche de melon d'Espagne ou le demi-melon de Cavaillon ou la belle tranche de pastèque, deux kiwis ou deux beaux abricots ou une mangue de petite taille ou une demie grosse mangue.

Tous ces fruits sont à vous à raison d'une ration par jour et non par repas.

Cependant, si vous avez le choix et que vos goûts vous y portent, sachez que votre meilleur fruit dans le cadre d'une stabilisation du poids est à mon sens classé par ordre de valeur décroissante dans la liste suivante : priorité à la pomme dont la richesse en pectine en fait un fruit bénéfique pour la ligne, la fraise et la framboise pour la faible valeur calorique conjuguée à l'aspect coloré et festif, le melon et la pastèque pour leur grande teneur en eau et leur faible valeur énergétique à condition de s'en tenir à la portion, le pamplemousse et enfin le kiwi, la pêche et la poire, le brugnon, la nectarine et la mangue.

Deux tranches de pain complet par jour

Si vous êtes prédisposé à la surcharge, prenez l'habitude d'éviter de consommer du pain blanc. C'est un aliment dénaturé par son mode de fabrication, pétri dans une farine dont le blé a été artificiellement séparé de son écorce, le son. Cette séparation facilite beaucoup l'obtention de farines industrielles, mais le pain blanc qui en provient est un aliment dopé et bien trop facile à assimiler.

Le pain complet ou le pain intégral, dont le goût est tout aussi agréable, contient une proportion naturelle de son. Et ce son est un allié de tout premier ordre qui vous protège du cancer des intestins, de l'excès de cholestérol, du diabète, de la constipation et dans l'optique qui est la nôtre ici, protège aussi votre ligne car, parvenu avec les calories du pain dans votre intestin grêle, il les agglutinera et en séquestrera une petite partie qui partira avec les selles sans vous profiter.

Pour l'instant, et pour la période que nous traversons, vous êtes encore sous haute surveillance, car un rien peut vous profiter, mais parvenu au stade de la stabilisation définitive, vous n'aurez plus à redouter le pain, que vous pourrez consommer normalement, à la seule condition que ce soit du pain complet ou, mieux encore du pain enrichi en son.

Dès maintenant, si vous êtes de ceux qui aiment le pain au petit déjeuner, vous pouvez beurrer légèrement avec du beurre allégé ces deux tranches de pain complet. Mais vous pourrez aussi utiliser cette possibilité à n'importe quel moment de la journée, à midi en sandwich avec viande froide ou jambon ou le soir avec le fromage qui est le prochain aliment à intégrer à votre liste.

Une portion de fromage par jour

De quel fromage s'agit-il, et en quelle quantité est-il autorisé ?

Vous avez droit pour l'instant à tous les fromages à pâte cuite, tels le Bonbel, le Gouda, le fromage de Hollande, la tomme de Savoie, la mimolette jeune, le reblochon, le Comté, etc. Évitez encore les fromages fermentés comme le camembert, le roquefort, le chèvre.

Pour les quantités, je vous conseille l'équivalent de 40 grammes. Je n'aime pas beaucoup la pesée des aliments mais nous sommes dans une période intermédiaire appelée à durer peu de temps et, de surcroît, 40 grammes représentent une portion standard qui convient à la plupart des appétits modérés.

Choisissez le repas qui vous conviendra, midi ou soir, mais prenez cette portion en une seule fois.

Que penser des fromages affinés allégés ? La plupart d'entre eux sont de piètre qualité et il est difficile, en France, de conseiller ces aliments qui ont perdu une grande part de leur saveur. Un seul pourtant malgré ses 20 % MG demeure un authentique fromage, la tomme de Savoie qui, jusqu'au début des années cinquante, était encore préparée à partir de lait demi-écrémé. C'était la recette traditionnelle de ce fromage de montagne, recette bousculée par les impératifs de la consommation qui ont fait progressivement monter son taux jusqu'à 40 % MG. C'est pourquoi, depuis le retour à la prudence envers les matières grasses et la mode des allégés, la tomme s'est immédiatement imposée comme le fromage intégrant un vrai savoir-faire traditionnel. Ses fabricants ont ainsi pu proposer au public une large gamme de fromages allégés dont le fameux 20 % MG originel, un 30 % MG qui n'a pas grand intérêt et un 10 % MG qui est un vrai miracle pour le candidat à la minceur. Ce surprenant fromage est tout simplement un vrai fromage goûteux, moelleux, résistant en bouche sans être caoutchouteux et permettant de réaliser une économie tant en calories qu'en acides gras saturés dont on connaît l'action nuisible sur le cœur et les vaisseaux.

Son seul problème est qu'il est difficile à trouver car peu demandé, de nombreux consommateurs estimant à tort qu'il s'agit d'un ersatz de fromage.

Si vous en trouvez, achetez-en, goûtez-le et si vous l'aimez, vous pourrez en consommer davantage, jusqu'à 60 grammes par jour.

De plus, quand vous serez en stabilisation définitive, pensez à ce fromage si maigre qu'il est proche de la protéine pure et qui peut vous être d'un grand secours, à titre d'aliment de grignotage protéiné, précieux pour les gros appétits.

Quant aux vrais grands fromages affinés, véritables œuvres d'art gustatives qui font la réputation de la France, rassurez-vous, ils ne vous sont pas totalement interdits, patientez, vous aurez une bonne surprise dans le paragraphe suivant sur les repas de gala.

Deux portions de féculents par semaine

À l'origine on réservait le terme de féculent à la pomme de terre, mais une dérive sémantique a fait de cette famille un fourre-tout où l'on trouve tout autant les tubercules comme la pomme de terre que les farineux comme le pain ou les pâtes ainsi que les céréales comme le riz ou le maïs.

Mais pour nous, dans cette phase de consolidation où la prudence est de règle, tous les féculents ne se valent pas et je vous les proposerai ici dans un ordre d'intérêt décroissant.

• **Les pâtes alimentaires** représentent le féculent le mieux adapté à notre propos du moment, car elles sont fabriquées à partir de blé dur dont la texture végétale est très résistante, bien plus que celle du blé tendre ou froment. Cette résistance physique à la désintégration ralentit sa digestion et l'absorption de ses sucres. De plus, les pâtes sont des aliments appréciés de tous les publics et rarement associés à la notion de régime, ce qui gratifie et conforte l'obèse sortant de longues restrictions. Enfin et surtout, les pâtes sont des aliments consistants et rassasiants. Leur seul défaut réside dans leur préparation qui incorpore du beurre, de l'huile ou de la crème et de surcroît du fromage, habituellement du gruyère, ce qui double leur valeur calorique.

Prenez donc des pâtes, une portion correcte de 200 grammes, mais évitez de les graisser et préférez une bonne sauce tomate fraîche avec oignons et aromates. Si vous êtes pressé, vous pouvez utiliser un coulis ou des tomates concassées en boîte. Quant au fromage, évitez le gruyère, trop gras et dont la faiblesse du goût nécessite des quantités préjudiciables. Vous avez droit à un voile de parmesan, moins riche et de goût plus corsé ; les Italiens ne s'y trompent pas.

• **La semoule de couscous, la polenta, le bolgourt et les grains de blé entiers plus connus sous leur nom de marque Ebly** sont autorisés à raison d'une ration de 200 grammes deux fois par semaine. Ils proviennent, eux aussi, du blé dur et jouissent de ce fait des mêmes propriétés que les pâtes. Ces aliments sont en général moins connus et moins utilisés car provenant de cultures étrangères.

Le couscous est souvent et à juste titre considéré comme un aliment de confection complexe et longue et réservé au restaurant. C'est se priver inutilement d'un précieux aliment très favorable à la stabilisation.

Pour le préparer rapidement, mettez la semoule dans un récipient non métallique et ajouter de l'eau aromatisée avec un cube pot-au-feu jusqu'à la noyer et dépasser son niveau d'un bon centimètre. Laissez la graine s'imbiber et gonfler pendant cinq minutes. Puis mettez le tout au micro-ondes pendant 2 minutes, sortez-le et peignez la graine à la fourchette pour éviter les grumeaux et repassez au micro-ondes pendant deux autres minutes, et le tour est joué.

N'ajoutez pas de matières grasses, le Kub suffit. Ne consommez pas de couscous au restaurant car la graine y est habituellement noyée dans le beurre.

Polenta italienne ou corse, bolgourt libanais et Ebly sont autorisés dans des rations et des préparations similaires.

• **Les lentilles** représentent un autre féculent de choix, l'un des sucres les plus lents de la création. Malheureusement, elles nécessitent un certain temps de préparation, ne sont pas unanimement appréciées et, pire, bien souvent mal tolérées car réputées responsables de flatulences. Mais pour ceux qui les apprécient et les tolèrent, c'est un excellent aliment de stabilisation très rassasiant. Chaque portion donne droit à 150 grammes de lentilles selon le stade de la stabilisation. Ici non plus, pas de matières grasses, mais de la tomate, des oignons et des aromates.

Les autres légumineuses méritent les mêmes mentions et sont autorisées dans des rations de même ordre de grandeur et des préparations dépourvues de matières grasses. Les flageolets, les pois secs, pois cassés, pois chiches appartiennent à cette grande famille qui trouve peu d'adeptes car ils sont en général encore plus mal supportés que les lentilles mais sont, sur le plan nutritionnel, d'excellents aliments.

• **Le riz et les pommes de terre** sont aussi autorisés mais, comme vous le constatez, ces deux féculents sont classés en fin de liste et sont donc à consommer occasionnellement en accordant la priorité à tous ceux qui les précèdent.

Le riz est à consommer blanc et sans matières grasses en le choisissant parmi ceux qui ont la saveur la plus développée, tels le Basmati, le riz sauvage ou le riz complet d'assimilation ralentie par ses fibres. Chaque portion donne droit à 125 grammes de riz cuit.

Quant à la pomme de terre, elle est à consommer en robe des champs ou en papillote dans son habit d'aluminium, sans adjonction de matières grasses. La frite, ou pire la chips, est l'un des rares aliments que je vous conseille d'oublier car, non seulement ils sont gorgés d'huile et de calories, mais ce sont des aliments dangereux sur le plan de la prévention des maladies cardio-vasculaires et du cancer.

Les nouvelles viandes

Jusqu'à présent, vous aviez droit aux parties maigres du bœuf et du veau et à la quasi-totalité du cheval. Désormais vous pouvez ajouter le gigot d'agneau et le rôti de porc ainsi que le jambon blanc, sans précision de fréquence ni de quantité particulière ; lorsque l'occasion se présente, une à deux fois par semaine.

• **Le gigot d'agneau** est le morceau le plus maigre de l'agneau. Évitez pourtant soigneusement l'entame, la première couche, et pour deux bonnes raisons. La première est que la graisse qui entoure le gigot ne se détache pas facilement et il demeure toujours un reliquat qui élève beaucoup la teneur en graisse et en calorie de la couche initiale. De plus, pour qu'un gros gigot de plusieurs kilos soit cuit en profondeur, il faut que la température portant sur la surface soit très élevée et à ces températures, le gras carbonise et devient cancérigène. Si vous aimez les parties cuites, prenez la deuxième tranche, c'est plus sûr.

• **Le rôti de porc** jouit des mêmes autorisations car c'est avec le jambon le morceau le plus maigre de l'animal, à la condition expresse de le choisir dans le filet et non pas dans l'échine qui est très exactement deux fois plus calorique. À ne pas oublier.

• **Le jambon blanc** fait ici sa réapparition. Désormais, vous n'êtes plus limité aux seuls jambons allégés. Vous pouvez utiliser librement cet aliment savoureux, facile à consommer sur le pouce, à n'importe quelle heure de la journée en veillant à écarter le gras qui entoure le muscle. Évitez aussi les jambons crus du pays qui ne sont pas encore autorisés.

Voici donc l'ensemble des catégories d'aliments qui composent la plate-forme de votre régime de transition. Rappelons, au risque de se répéter, que ce régime n'est en aucun cas un régime définitif, et encore moins un régime amaigrissant. C'est un régime sain et équilibré dont le seul rôle est de vous aider à traverser une période tumultueuse au cours de laquelle votre corps inquiet de sa perte de poids, cherche tout moyen nécessaire pour le reprendre.

Dix jours par kilo perdu, c'est à peu près le temps qu'il lui faut pour faire le deuil de cette perte, se rassurer et accepter ce poids nouveau que vous tentez de lui imposer. Passée cette période, vous retrouverez une certaine spontanéité alimentaire six jours sur sept. C'est une perspective qui devrait vous donner du courage et la patience nécessaire. Vous savez en tout cas où vous allez et le temps que cela prendra.

Mais ce n'est pas tout. Pour clore ce régime de transition, il me reste à vous annoncer deux nouvelles d'importance : une bonne et une nécessaire. Je commence par la bonne.

Deux repas de gala par semaine

Deux fois par semaine vous aurez donc la possibilité de faire un bon repas, comme vous l'entendez et en toute liberté.

J'insiste néanmoins sur le terme de « repas » car souvent, et bien que je le mentionne de ma main sur l'ordonnance, il y a toujours une certaine proportion de patients qui lisent ou interprètent deux « journées ».

Les repas de gala se pratiquent au cours de n'importe lequel des trois repas de la journée, mais je vous conseille de choisir le dîner pour avoir le temps d'en profiter et éviter le stress professionnel ambiant qui vous en ferait perdre des miettes.

Gala signifie fête car, à chacun de ces deux repas, vous aurez la possibilité de consommer n'importe quel type d'aliment, et tout particulièrement ceux qui vous auront manqué le plus pendant la longue période d'amaigrissement.

Deux conditions cependant et d'importance : ne jamais se resservir deux fois du même plat et ne jamais pratiquer deux repas de gala successifs. Tout donc mais à l'unité : une entrée, un plat principal, un dessert ou un fromage, un apéritif, un verre de vin, tout en bonne quantité mais une seule fois.

Veillez aussi à espacer ces repas. Laissez au corps le temps de s'en remettre. Si vous avez par exemple choisi le mardi midi comme premier repas, évitez de recommencer le mardi soir. Laissez au moins un repas s'intercaler entre ces deux bons moments. Choisissez de préférence les jours de week-end et les soirs d'invitation.

Pour ceux qui rêvent d'une bonne choucroute, d'une paella, d'un vrai couscous ou de n'importe quel autre plat, c'est donc enfin le moment.

Pour ceux qui attendent depuis si longtemps de finir sur un vrai dessert, sur une portion de gâteau au chocolat ou sur une glace, c'est désormais possible.

Pour ceux qui aiment le bon vin, le champagne ou l'apéritif, la voie est libre.

Il vous est donc possible, sans inquiétudes, mais deux fois par semaine d'accepter enfin les nombreuses invitations si longtemps différées.

Nombreux sont ceux qui, parvenus à ce stade de leur stabilisation et habitués à cette nouvelle manière de se nourrir, redouteront ces retrouvailles avec les goûts et saveurs et hésiteront à pratiquer de tels repas aussi ouverts.

Rassurez-vous, ces repas ont été composés sciemment. Ils font partie d'un tout qui les intègre avec suffisamment de bosses et de saillies pour tenir en équilibre.

De plus, ces repas de gala ne sont pas de simples propositions, ce sont des consignes que vous devez suivre à la lettre. Protal est un plan global dont on ne peut séparer les parties sans prendre le risque de réduire son efficacité. Peut-être ne comprenez-vous pas le sens de ces libéralités et l'intérêt de ces deux repas de gala. C'est donc le moment de vous parler de cette part immatérielle de l'alimentation qu'est le plaisir.

Se nourrir, ce n'est pas seulement ingérer les calories nécessaires à la survie, c'est peut-être même davantage encore, incorporer du plaisir. Et ce plaisir biologique, cette récompense vitale vous ont été interdits pendant la durée de votre amaigrissement, c'est le moment de les réintégrer.

Puisque nous en sommes au plaisir de bouche, j'en profiterai pour vous donner un conseil capital et indispensable à toute stabilisation définitive. Ne le prenez pas à la légère.

Lorsque vous mangez, et tout particulièrement si ce que vous mangez est savoureux et riche, PENSEZ À CE QUE VOUS MANGEZ, concentrez-vous sur ce que vous avez en bouche et sur chaque parcelle de sensation que cet aliment vous procure.

De nombreuses études conduites par des nutritionnistes tendent aujourd'hui à démontrer le rôle majeur des sensations de bouche dans l'élaboration de la satiété. Toutes les sensations provenant du goût, des muqueuses de la langue, chaque mouvement de mastication et de déglutition sont perçus et analysés par l'hypothalamus, le centre responsable de la faim et de la satiété. L'accumulation de ces sensations élève une jauge sensorielle qui intervient dans le déclenchement de la satiété.

MANGEZ DONC LENTEMENT EN CONCENTRANT LE FAISCEAU DE VOTRE CONSCIENCE SUR CE QUE VOUS AVEZ EN BOUCHE. Évitez de manger des aliments caloriques devant la télévision ou en lisant, vous réduisez de moitié l'intensité des sensations qui parviennent à votre cerveau ; les nutritionnistes expliquent ainsi l'épidémie d'obésité infantile qui sévit aux États-Unis où les enfants grignotent toute la journée devant la télévision et qui, devenus adultes, continuent de se nourrir à tout moment de la journée. Le chewing-gum est bien une invention américaine.

Goûtez donc sans arrière-pensée ces deux bons moments, et, croyez-moi, il ne vous en coûtera rien. Mais à deux conditions toutefois.

• **La première est capitale.** Ce moment de liberté alimentaire retrouvé a des limites bien précises dans le temps, il ne s'agit pour l'instant que d'un repas de gala. Méconnaître ces limites peut vous conduire à sortir du chemin que nous nous sommes tracé. C'est un danger qu'il ne faut pas minimiser. Si vous avez, par exemple, décidé de choisir le mardi soir pour votre premier repas de gala, c'est le mercredi matin que tout va se jouer pour vous et l'avenir de votre stabilisation.

Ayant largement ouvert une porte, aurez-vous le courage de la refermer, ou serez-vous de ceux qui, au réveil et sur leur lancée, ne pourront s'empêcher de tartiner leur pain d'une épaisse couche de confiture?

Ces deux repas de gala sont des embellies dans votre grisaille alimentaire qui doivent vous aider à tenir jusqu'à ce que votre corps accepte ce nouveau poids. Ils font partie intégrante de votre régime de transition que j'ai composé en y intégrant tout ce qui était en mon pouvoir de vous donner. Dépasser ses limites risquerait de compromettre l'édifice que vous avez patiemment construit.

• **La deuxième condition tombe sous le sens.** Ce repas de gala est destiné à vous procurer une certaine dose de plaisir alimentaire, mais certainement pas à vous permettre de vous venger. Celui qui prendrait prétexte de cette liberté pour se goinfrer m'aurait mal compris et risquerait de malmener ses organes de nutrition.

La finalité de ces deux repas est de vous redonner un certain équilibre. Dévorer jusqu'à la nausée ou boire jusqu'à l'ivresse seraient des comportements profondément déséquilibrants.

Et même si vous reveniez comme prévu, le lendemain, à la plate-forme de consolidation, cette démarche syncopée ruinerait votre espoir de stabilisation ultérieure.

Aussi, si vous voulez un conseil simple, mangez ce que vous voulez, servez-vous copieusement, mais ne vous resservez jamais deux fois du même plat. Faites chez vous ou chez vos amis qui vous invitent comme au restaurant où il n'est pas coutume de redemander du supplément.

Un jour de protéines pures par semaine

Vous voilà en possession de tous les éléments qui composent le régime de consolidation. Vous savez désormais avec quoi vous nourrir pendant ce laps de temps facile à calculer et nécessaire à votre corps pour accepter ce nouveau poids imposé.

Cependant, il manque encore un élément clé indispensable à la sécurité de cette phase de stabilisation. Une telle alimentation, assortie de ses deux repas de gala, ne peut à elle seule garantir la parfaite maîtrise du poids dans cette période hautement réactive. C'est la raison pour laquelle j'ai inclus, en guise de sécurité, au cœur de ce régime de consolidation, une pleine journée de régime protéines pures par semaine dont vous avez testé l'extrême efficacité.

Ce jour-là, vous aurez donc droit, comme vous le savez pour l'avoir longuement pratiqué, aux viandes maigres, aux poissons et aux fruits de mer, à la volaille sans peau, aux œufs, aux jambons dégraissés, aux laitages et à deux litres d'eau. De ces sept catégories de protéines alimentaires, vous pourrez manger autant que vous le désirerez, aussi souvent qu'il vous plaira et selon les proportions et les mélanges qui vous conviendront.

Cette journée de protéines pures est à la fois le moteur et le cran de sécurité de votre régime de consolidation. Ce sera le seul moment astreignant de votre semaine, mais c'est le prix à payer pour contrôler la situation jusqu'à ce que la tempête se calme. Encore une fois, ce prix n'est pas négociable. Faites cette journée parfaitement, ou ne la faites pas, car ce serait en pure perte.

De plus, respectez autant qu'il est possible le choix du jeudi comme jour de régime. Son rythme hebdomadaire est l'une des bases de son efficacité. Si le jeudi est pour vous une journée professionnellement ou socialement incompatible avec un tel mode d'alimentation, choisissez le mercredi ou le vendredi et n'en démordez plus.

Si vous vous trouvez un jour, exceptionnellement, dans l'incapacité de suivre votre régime le jeudi, pratiquez-le le mercredi ou le vendredi et, la semaine suivante, revenez au jeudi. Mais ne prenez pas l'habitude d'une telle dérogation. N'oubliez pas votre prédisposition à l'obésité. Vous ne suivez pas cette journée de protéines dans le seul but de me faire plaisir, mais pour contrarier votre nature d'obèse et votre facilité extrême à grossir. Vous êtes donc seul concerné par l'efficacité de cette mesure. Ne l'oubliez pas.

Si vous êtes en vacances ou en voyage, maintenez-le. Si vous êtes quelque part où les protéines sont rares ou difficiles à préparer, il reste toujours la possibilité de vous nourrir avec des protéines en poudre. J'en parlerai un peu plus loin. C'est un moyen simple, mais ponctuel de donner à cette journée sa pleine efficacité.

Une phase à ne pas négliger

Nous voilà donc parvenus au terme de la description de ce régime de consolidation du poids. J'ai gardé pour clôturer son étude quatre éléments d'information en guise de mise en garde relative au danger de négliger cette phase capitale du plan Protal.

Une étape indispensable

Au cours de cette troisième phase du plan Protal, vous n'aurez plus pour vous soutenir l'extrême stimulation et l'encouragement de voir le poids baisser régulièrement sur la bascule, et vous pourrez être amené à vous interroger sur la raison d'être de ce régime intermédiaire où vous n'êtes encore ni vraiment libre, ni vraiment au régime, et être tenté de relâcher la surveillance ou tout au moins d'en déborder les consignes.

N'en faites rien, si vous négligez cette étape de consolidation, soyez assurés d'une chose simple et claire : tous vos kilos, si difficilement perdus, reviendront aussi sûrement que rapidement. Et vous aurez beaucoup de chance si vous n'en ajoutez pas quelques-uns en prime.

La résistance progressive au régime

De plus, outre le sentiment de frustration et d'échec occasionné par la reprise du poids perdu, il existe un autre danger encore plus lourd de conséquences pour celui qui pratique de nombreux régimes successifs sans les consolider : la résistance au régime.

Quiconque maigrit et regrossit plusieurs fois dans sa vie se vaccine contre l'amaigrissement, c'est-à-dire qu'après chacun de ses échecs il aura davantage de difficultés à perdre à nouveau du poids. Son organisme gardera une sorte de mémoire des régimes alimentaires subis et résistera de mieux en mieux aux nouvelles tentatives. Chaque échec ouvre alors la porte à un nouvel échec. Si vous avez déjà essayé en vain un certain nombre de régimes, ne vous attendez pas à maigrir aussi vite que celui qui tente de le faire pour la première fois, même si, comme je vous l'ai déjà dit, Protal et ses protéines pures et alternatives est le régime qui génère le moins de résistances et s'attaque le mieux à des vaccinations antérieures.

La mémoire des records

D'autre part, chaque fois que votre corps engraisse et affiche un nouveau record de poids, les mécanismes de régulation qui gouvernent votre physiologie inscrivent quelque part en vous le souvenir nostalgique de ce poids maximum que votre corps n'aura de cesse de retrouver.

Maigrir équivaut à se nourrir de gras et de cholestérol

Enfin, et c'est probablement la plus sérieuse des conséquences, à chaque perte de poids, votre organisme subit une agression dont peu d'entre vous sont conscients. À chaque tentative d'amaigrissement, vous consommez vos graisses de réserve, et lorsque vous perdez 10 ou 20 kg, c'est un peu comme si vous aviez consommé 10 ou 20 kg de beurre ou de saindoux.

Tout au long de votre amaigrissement circule dans vote sang et donc dans vos artères une grande quantité de cholestérol et de triglycérides. À chaque contraction de votre cœur, ce sang riche en graisses toxiques inonde vos artères et encrasse leur paroi.

Maigrir est peut-être d'une grande utilité pour votre bien-être psychique ou physique et le risque que représente la circulation de ces graisses est largement compensé par les avantages que vous en tirez. Mais gardez-vous de renouveler cette opération plus d'une ou deux fois dans votre vie. Celui qui tente en vain de maigrir une ou deux fois par an se retrouve à chaque fois dans la situation d'un sujet surchargé en cholestérol.

Ceci n'est pas une tentative d'intimidation, mais une mise en garde contre un danger bien réel et peu connu, tant des patients que de nombreux médecins.

Aussi, et pour toutes ces raisons, vous qui avez eu la chance de maigrir, choisissez la seule attitude logique, consolidez ce poids qui vous est cher et passez dès que prévu à la stabilisation définitive.

Résumé mémento
du régime de consolidation

La durée de ce régime de transition se calcule en fonction du poids perdu, sur la base de 10 jours du nouveau régime par kilo perdu.

Si vous venez de perdre 20 kg, il vous faudra donc le suivre pendant 20 fois 10 jours, soit 200 jours ou 6 mois et 20 jours, et pour 10 kg, 100 jours. Chacun calculera le plus facilement sur cette base le temps exact qui le sépare de la stabilisation définitive.

Pendant toute la durée de cette consolidation du poids, vous suivrez donc le plus fidèlement possible le régime qui va suivre et dans lequel vous aurez droit aux aliments suivants :
- les aliments protéinés du régime d'attaque ;
- les légumes du régime de croisière ;
- 1 portion de fruits par jour, sauf la banane, les raisins et les cerises ;
- 2 tranches de pain complet par jour ;
- 40 grammes de fromages affinés ;
- 2 portions de féculents par semaine ;
- gigot d'agneau et rôti de porc (filet).

Et pour couronner le tout :
- 2 repas de gala par semaine.

Mais de manière impérative et incontournable :
- 1 jour de protéines (régime d'attaque) par semaine, non interchangeable et non négociable.

Pratique de la stabilisation
définitive

Pour vous qui avez débuté Protal avec un excès de poids conséquent, le régime d'attaque vous a permis un démarrage foudroyant et encourageant, le régime de croisière vous a conduit au poids fixé, et vous venez de terminer votre palier de stabilisation calculé sur la base de 10 jours par kilo perdu.

À ce stade, vous avez non seulement éliminé votre surcharge mais vous avez aussi traversé sans encombre la période où le corps amaigri tente avec le plus de véhémence et de succès de reprendre le poids perdu.

Votre corps a enfin abandonné cette réactivité extrême qui démultipliait le profit qu'il tirait de chaque aliment et vous retrouvez enfin votre nature de base qui reste néanmoins celle d'un obèse avec sa propension naturelle à grossir et des métabolismes suffisamment performants pour vous avoir déjà, à une ou plusieurs reprises, amené à prendre beaucoup de poids.

Dès lors, les mêmes causes entraînant les mêmes effets, vous avez toutes chances de reprendre du poids si vous n'incluez pas dans votre mode de vie un certain nombre de mesures visant à maîtriser ce risque.

Mais, et là est le danger, il n'est plus question désormais de la traversée d'une période circonscrite avec ses consignes, ses contraintes et ses limites, mais tout simplement du cours habituel de la vie qui reprend ses droits. Aussi, la mesure que vous allez adopter dans ce plan de stabilisation définitive devra être conservée pour le reste de la vie. C'est dire que dans une telle perspective, il n'est pas concevable de vous imposer des contraintes lourdes que vous ne pourrez maintenir.

De plus, et surtout, jusqu'à présent, vous étiez guidé et pris en charge dans un réseau précis de consignes. Vous étiez dans la tenaille d'un pari ou d'un défi qui laissaient peu de place à l'improvisation. Désormais, vous allez abandonner la navigation côtière pour le grand large avec une autonomie retrouvée mais de grands risques de tempête et donc de naufrage, et il sera indispensable que les nouvelles consignes soient réduites au minimum et intégrées en vous.

Pour cela, et pour briser la fatalité de la reprise de poids qui pèse sur l'obèse dès que l'on s'inscrit dans la durée, Protal propose, en échange de deux mesures simples et peu frustrantes, une spontanéité alimentaire retrouvée et l'oubli de cette marginalité de table qui révolte l'obèse.

Cette nouvelle consigne impose d'observer de manière régulière, stricte et pour le reste de la vie, une journée de protéines pures préfixée par semaine, et d'associer à cette mesure basique, une autre encore plus simple et encore moins restrictive : absorber chaque jour de sa vie trois cuillers à soupe de son d'avoine.

Ces deux mesures associées suffisent, lorsqu'elles sont observées sans défaillance, à contenir une prédisposition à l'obésité. Toutes deux opèrent à la racine du mal, sur le lieu même où s'exprime cette facilité à profiter des aliments, là où l'aliment et les calories pénètrent dans l'organisme. Protéines et son d'avoine combinés opposent une résistance efficace au pillage du bol alimentaire par l'intestin grêle.

Ces deux mesures représentent à mon sens ce que l'on peut demander de moins douloureux à un obèse en échange d'une vie alimentaire normale six jours sur sept. Mon expérience professionnelle m'incite à penser qu'il n'existe pas d'obèse sensé qui refuse un tel marché.

De plus, coiffant ces deux mesures, la stabilisation définitive de Protal bénéficie d'une arme supplémentaire, d'un atout peu visible mais décisif, la force de l'enseignement que Protal développe tout au long du chemin parcouru pour perdre et consolider le poids perdu.

Pour moi qui ai créé ce plan et le pratique quotidiennement avec mes patients, je sais car je le constate chaque jour, qu'un gros ou un obèse qui a perdu 5, 10, 15, 20 ou 30 kg avec Protal a acquis en traversant successivement ses quatre régimes successifs une connaissance charnelle et instinctive de la valeur des aliments qui peuvent l'aider à maigrir et se stabiliser et a acquis des réflexes qu'il n'abandonnera jamais tout à fait.

Commençant avec le régime des protéines pures, il aura découvert la puissance de ces aliments vitaux lorsqu'ils sont sélectionnés de manière à exclure les deux autres nutriments. Il sait désormais que ces aliments coalisés représentent une arme amaigrissante d'une extrême efficacité.

Tout au long du régime des protéines alternatives, il aura appris que l'adjonction des légumes verts freinait l'allure mais que ces aliments végétaux indispensables ne l'empêchaient pas de maigrir pour autant s'ils étaient préparés sans l'adjonction de corps gras, ennemi majeur qu'il aura tôt fait de démasquer au cours d'écarts regrettables.

En passant à la consolidation, il aura inclus par couches successives les aliments nécessaires comme le pain, le fruit, le fromage, certains féculents, et avec les repas de gala, les retrouvailles avec le superflu et le plaisir sans le fer rouge de la culpabilisation. Ce faisant, dans son esprit et dans sa chair, il aura, au fil des jours, intégré une hiérarchie de valeur et une classification des aliments.

C'est cette construction en paliers passant progressivement du vital au superflu et l'apprentissage instinctif qu'elle développe qui font de Protal le régime le plus didactique qui soit et qui, conjugué aux deux autres mesures de la stabilisation définitive, ouvre la porte à une vraie stabilisation, voire même à une guérison.

Le jeudi protéiné

Pourquoi le jeudi ?

Dans la période de ma vie où je mettais en place les différentes pièces de ce qui deviendra Protal, je sentais le besoin d'incorporer à la stabilisation du poids perdu, un reliquat de consigne sous la forme d'une pleine journée de protéines pures fonctionnant comme un correcteur des bavures de la semaine, et j'avais coutume de le prescrire ainsi sur mes ordonnances : « Observer un jour de régime protéines pures par semaine. »

Et cette consigne était tenue avec succès un certain temps puis s'estompait lentement et finissait par être abandonnée. Et mes patients m'expliquaient que cette consigne, pourtant simple et facile à suivre, était sans cesse déplacée, reportée et finissait par disparaître sous la puissance de feu des invitations et des activités quotidiennes.

J'ai donc un jour décidé de fixer de manière directive ce jour en imposant arbitrairement le jeudi. Dès lors et comme par enchantement tout changea subitement. Les patients le suivaient et s'y tenaient, tout simplement parce que ce n'était pas eux qui l'avaient choisi et que rien n'est plus difficile pour un gros que d'avoir à choisir lui-même le moment de son épreuve.

Une patiente m'a un jour demandé pourquoi fallait-il que ce soit le jeudi et pas un autre jour et je lui ai répondu que le jeudi, c'était « le jour J », et depuis je m'en tiens à cette version. Cette réponse est bien sûr une boutade mais elle exprime parfaitement le caractère imposé et non négociable de cette journée de rédemption dont la fonction capitale de digue destinée à contenir les diverses bavures de la semaine est bien trop importante pour être laissée au choix de celui ou de celle qui doit la suivre.

Particularités du jeudi protéiné :
En quoi ce jour de protéines pures diffère-t-il des autres jours de protéines ?

Au cours de la phase d'attaque, je vous avais décrit dans le détail les différents aliments qui composent ce régime, régime que vous avez utilisé pur dans la phase de déclenchement, puis en alternance avec les légumes dans le régime de croisière et que vous avez incorporé le jeudi en phase de consolidation. Mais, jusque-là, vous étiez encadrés et sous la haute protection d'un réseau de consignes très directives qui laissaient peu de place à l'initiative et à la défaillance.

Mais à partir de maintenant, vous allez travailler sans filet.

Vous êtes désormais libre de vous nourrir normalement six jours sur sept, et ce jeudi protéiné restera la seule et dernière digue capable de contenir votre tendance à grossir.

C'est dire que cette journée de protéines devra être suivie parfaitement, car une seule défaillance ou erreur altérant son efficacité menacerait la solidité de tout l'édifice.

Les aliments qui composent le régime du jeudi n'ont pas tous la même pureté protéique. Dans cette journée si précieuse de stabilisation définitive, il nous importera de sélectionner et de n'utiliser que les aliments protéinés les plus purs qui, associés, donneront le résultat le plus percutant, et de restreindre ou d'éviter ceux qui contiennent une certaine quantité de lipides et de glucides, et dont la consommation exagérée porterait atteinte à l'impact de cette journée.

Pratique du jeudi protéiné :
Choix des aliments

• **Les viandes maigres.** Vous savez déjà que le porc et l'agneau sont des viandes bien trop grasses pour être classées dans les protéines pures.

Parmi celles qui étaient autorisées, il convient d'accorder la meilleure mention à la viande de cheval. C'est probablement la viande la plus saine qui puisse se vendre en boucherie. Très pauvre en graisses, c'est la viande de référence du jeudi protéiné, la seule qui puisse, ce jour, y être consommée crue.

Suit de près la viande de veau qui fait aussi partie, pour ses morceaux à griller des viandes maigres. L'escalope en est le morceau le mieux adapté au jeudi protéiné. Le rôti de veau est autorisé, à condition d'être bien cuit. La côte de veau, plus grasse, sera consommée les autres jours de la semaine.

Le bœuf fournit une viande dont la teneur en matières grasses varie beaucoup selon les morceaux. En dehors des morceaux très gras du pot-au-feu, les plus gras sont sans conteste l'entrecôte et la côte de bœuf, qui n'entrent pas dans le cercle restreint des protéines pures.

Le steak et le filet sont probablement les morceaux les plus maigres de cet animal. Il existe même des steaks hachés congelés qui affichent 5 % de MG. Tous ces morceaux sont à utiliser sans arrière-pensée le jeudi.

En revanche, le faux-filet, le contre-filet, l'araignée et la bavette, légèrement plus gras mais autorisés dans le régime protéines standard, seront de ce fait évités le jeudi.

Il faut aussi savoir que, ce jour-là, le bœuf gagne à être suffisamment cuit, ce qui n'altère pas la qualité de ses protéines, mais élimine une part accrue de sa graisse.

• **Les poissons et fruits de mer.** Dans le régime des protéines pures standard, je vous avais autorisé tous les poissons, des plus maigres aux plus gras. J'ai au fil du temps accepté ces animaux à chair grasse car les poissons bleus des mers froides, saumon, sardine, maquereau et thon, sont des aliments appréciés, doués d'un immense pouvoir de protection du cœur et des vaisseaux, et dont la teneur en matières grasses n'excède pas celle d'un faux-filet.

Cependant, cette même teneur en matières grasses, acceptable en période de régime continu, ne peut plus l'être lorsque le jeudi protéiné reste la seule digue de protection. En revanche, le jeudi, le poisson blanc est votre meilleur allié.

En dehors des préparations classiques du poisson comme le court-bouillon, la papillote, la cuisson au four, le grill ou la poêle, une recette simple et originale consiste à le manger cru. Le mérou, la lotte, la daurade ou le lieu noir se prêtent à merveille à ce mode de préparation. Marinés quelques minutes dans le citron, en tranches fines ou en petits cubes, salés, poivrés et parfumés d'herbes de Provence, ils constituent une entrée originale, fraîche et savoureuse.

Le turbot, le rouget et la raie sont les poissons blancs les plus gras mais infiniment moins que le plus ascétique morceau de viande. C'est dire que vous pouvez consommer du poisson blanc sans aucune appréhension.

Le crabe, le tourteau, les crevettes, les moules, les huîtres, les coquilles Saint-Jacques sont encore plus maigres que le poisson.

Un plateau de fruits de mer peut être d'un grand secours et vous sortir d'embarras si vous êtes contraint, un jeudi, d'accepter une invitation inopinée au restaurant. Cependant, si vous êtes amateur de fruits de mer, et que vous les appréciez en grandes quantités, évitez les huîtres très grasses, comme les Spéciales de grande dimension. Le jeudi, optez plutôt pour les Fines de Claire, ou, si votre budget vous le permet, pour les Belons. Citronnez-les abondamment pour les parfumer, mais ne buvez pas leur jus.

• **La volaille.** La volaille, à l'exception des becs plats, canard et oie, et consommée sans peau, constitue l'une des meilleures bases du régime protéiné. Lors du jeudi protéiné, cette liberté diffuse doit être ceinturée de quelques précisions.

Le poulet, volaille de base, reste libre mais, en plus de la peau, il y aura lieu d'éviter les ailes, le haut de cuisse et le croupion que l'on conservera pour les autres jours de la semaine.

Le reste de la volaille est autorisé sans restriction. La pintade et la dinde sont les volailles les plus maigres qui existent, mangez-en librement. Le lapin est un excellent fournisseur de protéines pures. Les cailles et le pigeon introduisent de la diversité et un air de fête dans votre jeudi protéiné.

Chacun de ces animaux de basse-cour se prête à des modes de préparation différents.

Le poulet gagne à être rôti au four ou à la broche. Le jeudi, privilégiez la broche et prenez la précaution de sortir le poulet de son plat pour le séparer immédiatement du jus qui l'imbibe.

La dinde, le dindonneau et la pintade se cuisinent au four, arrosés fréquemment d'eau citronnée pour les séparer de leur gras.

Le jeudi, on préférera la broche au faitout pour préparer cailles et pigeon.

Quant au lapin, on évitera ce jour-là la sauce à la moutarde qui était conseillée lors du régime d'attaque, mais on a toujours loisir de le préparer au fromage blanc maigre et aux aromates.

• **Les œufs.** Le blanc d'œuf est l'aliment le plus riche en protéiné, bien plus pur que les protéines en sachets les plus concentrées. Mais le blanc n'est qu'une partie de l'œuf, et le jaune, adapté à la croissance du jeune poussin, contient de nombreux corps gras complexes dont le plus connu est le cholestérol. L'ensemble forme un tout équilibré qui reste utilisable le jeudi.

Toutefois, pour les sujets particulièrement difficiles à stabiliser ou lorsque la semaine a été particulièrement relâchée et qu'il s'agit de donner au jeudi protéiné son meilleur impact, n'abusez pas des œufs ou bien retirez le jaune et consommez autant de blancs qu'il vous plaira.

Une autre solution consiste à préparer ses omelettes ou ses œufs brouillés avec un jaune et deux blancs et, en cas de fringale, d'y incorporer du lait écrémé en poudre. Mais sachez que toutes ces précautions seraient dépourvues de sens et ruineraient tous vos efforts si vous deviez préparer vos œufs dans du beurre ou de l'huile. Offrez-vous une poêle antiadhésive de bonne marque et déposez quelques gouttes d'eau au fond avant d'y casser vos œufs.

• **Les laitages maigres.** Les fromages blancs, les yaourts et les faisselles maigres présentent l'avantage majeur de ne contenir aucune matière grasse. Mais que reste-t-il alors dans ces aliments dont les statistiques prouvent que leur consommation augmente chaque année ? On y trouve, bien sûr, les protéines du lait, celles même qui servent à fabriquer les protéines en poudre, mais on trouve aussi, en quantités modérées, du lactose ou sucre du lait qui fait ici figure d'intrus.

Dans un régime amaigrissant destiné à être suivi cinq jours consécutifs et être repris en alternance pendant des semaines ou des mois, l'expérience prouve que cette présence de lactose n'atténue pas les performances du régime des protéines pures et que les laitages maigres, seule source de fraîcheur et d'onctuosité, peuvent y être consommés sans limitation ou tout au moins sans dépasser les 700 à 800 grammes par jour.

En revanche, dans un régime de stabilisation définitive qui n'intervient qu'un jour par semaine, les aliments doivent subir une sélection encore plus fine afin de limiter l'apport de lactose. Lorsque l'on compare la composition du yaourt maigre et du fromage blanc maigre, on s'aperçoit que pour le même apport calorique, le fromage blanc apporte davantage de protéines et moins de lactose que le yaourt. Le jeudi, les amateurs de laitages maigres auront donc intérêt à privilégier les fromages blancs. Ils auront tout loisir de revenir aux yaourts les six autres jours de la semaine.

• **L'eau.** Ici encore, il convient de modifier les consignes du régime des protéines pures. Utilisé pour maigrir, un litre et demi d'eau par jour me semble le meilleur moyen de purifier un organisme qui brûle ses propres graisses. Lors du jeudi stabilisateur, il convient de forcer la dose et de passer à deux litres d'eau par jour. Cette mesure, réalisant une véritable inondation de l'intestin grêle, en réduit l'avidité. Diluant davantage encore les aliments, il étale et freine leur absorption et, avantage supplémentaire, accélère le transit intestinal.

Ce lavage intensif associé à une concentration maximum en protéines réalise une onde de choc dont l'effet recherché est, non seulement de paralyser la fonction d'assimilation le jeudi, mais de prolonger cet effet sur les deux à trois jours suivants afin de réaliser une moyenne acceptable avec les trois derniers jours de la semaine où l'extraction des aliments revient à son plus haut niveau.

• **Le sel.** Le sel est un aliment indispensable à la vie. Notre organisme baigne dans une sorte de mer intérieure (sang, lymphe), dont la concentration en sel rappelle celle des océans. Mais le sel est l'ennemi de celui et davantage encore de celle qui tente de maigrir, car, absorbé en excès, il risque de fixer l'eau et d'infiltrer les tissus déjà surchargés de graisse.

D'autre part, un régime amaigrissant dépourvu de sel a tendance à réduire la tension artérielle et prend le risque de fatiguer s'il dure trop longtemps.

Pour cela, pendant toute la période d'amaigrissement et de consolidation, Protal n'impose qu'une simple réduction du sel.

Mais, pour le jeudi stabilisateur, la consigne sera renforcée et cette journée rempart devra être plus pauvre en sel. Une restriction aussi ponctuelle sur une journée isolée n'est pas suffisante pour faire baisser la tension, mais c'est assez pour permettre à l'eau ingérée de traverser très rapidement l'organisme en l'épurant.

Cette épuration des tissus intéresse tout particulièrement les femmes soumises à de fortes influences hormonales qui induisent des rétentions d'eau massives à certains moments de leur cycle.

Pour les mêmes raisons, l'usage de la moutarde doit être restreint le jeudi, mais le vinaigre, le poivre, les aromates et toutes les épices sont appelés en renfort pour compenser cette réduction.

Les protéines en poudre

Jusqu'à présent, lorsque je vous parlais de protéines, il s'agissait d'aliments naturels. Mais, à part le blanc d'œuf, aucun de ces aliments n'était, au sens propre du terme, une protéine pure. Tous nos efforts se portaient donc sur la sélection d'aliments aussi proches de la pureté théorique.

Or, depuis quelques années, l'industrie alimentaire nous propose des protéines en poudre qui se rapprochent, sans l'atteindre, de la pureté souhaitée.

En théorie, ces préparations en sachets ont de quoi nous séduire, mais en pratique nous allons voir qu'elles présentent un certain nombre d'avantages et d'inconvénients qu'il est souhaitable de mettre en balance avant de se décider à les utiliser.

Quels sont les avantages et inconvénients des protéines en poudre?

• **Les avantages.** L'avantage des protéines en poudre réside dans leur pureté. Cette caractéristique, qui ne présente aucun avantage pour un amaigrissement centré sur le décompte des calories, prend une grande importance lors d'un régime de protéines pures. Vous savez déjà que l'intestin grêle, chargé de soutirer les calories des aliments, réalise ses meilleures performances lorsqu'il travaille sur un mélange bien proportionné de protéines, de glucides et de lipides. Mais, lorsque l'alimentation ne lui apporte que des protéines, son pouvoir d'extraction s'enraye et tout se passe comme si cet organe avait perdu la faculté de se nourrir.

Au cours des deux premières phases du plan Protal, en amaigrissement de longue durée, la pureté absolue de ces poudres est certes intéressante, mais n'offre pas d'avantage décisif sur l'aliment protéiné.

En revanche, dans la phase de stabilisation définitive, lorsque le régime n'occupe qu'une seule journée par semaine, cette pureté extrême peut se révéler précieuse, car elle aiguise le tranchant du jeudi protéiné et renforce son impact et sa protection sur le reste de la semaine.

De plus, la présentation en poudre fournit l'avantage d'être propre, facile à transporter et à utiliser en n'importe quelle situation pour ceux qui ont une vie professionnelle chargée ou irrégulière, et qui ne peuvent pas toujours se mettre à table aux heures normales de repas.

• **Les inconvénients.** L'inconvénient majeur des protéines en poudre réside dans le fait que ce sont des aliments artificiels. Dans des conditions de vie normales, l'être humain n'est pas un animal biologiquement programmé pour se nourrir de poudre. Nos organes des sens, visuels, tactiles, olfactifs et gustatifs, ainsi que les centres cérébraux qui gèrent la satiété et la récolte du plaisir de bouche nous portent spontanément à nous nourrir d'aliments qui ont une apparence, un goût, une odeur et une consistance particuliers.

Une poudre blanche, même édulcorée et aromatisée, n'émet aucun des stimuli capables de nous émouvoir. Se nourrir, c'est peut-être ingérer une certaine quantité d'énergie et de nutriments, mais c'est surtout, et de plus en plus avec le besoin de compenser le stress de la vie moderne, le besoin de prendre un plaisir basique fourni par nos organes sensoriels et nos instincts satisfaits.

Tous les nutritionnistes savent que des cures prolongées de protéines en poudre produisent, à distance, d'inévitables poussées de boulimie réactionnelle, état instable par excellence qui exclut tout espoir de stabilisation.

Pour cette raison, simple mais fondamentale, ce type d'alimentation ne peut et ne doit être qu'occasionnel.

• Le deuxième inconvénient des protéines en sachets tient à leur inégale pureté.

Il convient d'abord de ne pas confondre les protéines poudreuses avec les substituts de repas, simples repas recomposés dont la teneur en protéines, lipides et glucides est semblable à celle de n'importe quel repas traditionnel, le plaisir en moins.

Les sachets de protéines réservés à la diète protéique revendiquent la pureté en protéines, mais tous ne la possèdent pas. Sans citer de nom de marque, sachez que la seule pureté qui pourrait surpasser celle du jeudi protéiné de Protal devrait afficher 95 % de valeur calorique en protéines et, à ma connaissance, il en existe très peu sur le marché.

• Leur troisième inconvénient tient à la valeur biologique de ces protéines.

Toutes les protéines en sachets du commerce n'ont pas la même qualité. Ces différences sont liées au type d'aliments qui les fournissent et à la manière de les extraire.

Les protéines sont de longues chaînes d'acides aminés dont huit sont indispensables. L'absence dans l'alimentation d'un seul de ces acides aminés bloque toute synthèse et oblige l'organisme à puiser ses protéines sur ses propres réserves musculaires. C'est le cas des protéines végétales, pour la plupart incomplètes, qui doivent être enrichies en acides aminés manquants. Pour éviter ces recombinaisons artificielles parvenant difficilement à égaler l'assemblage naturel, il est préférable de choisir des protéines complètes d'origine animale dont les plus courantes proviennent du lait.

• Leur quatrième inconvénient tient à leur absence de fibres.

En l'absence de fibres, le tube digestif ne trouve pas dans ces repas de poudre un point d'appui nécessaire à son bon fonctionnement. L'usage prolongé de ces protéines génère donc une constipation rebelle et des ballonnements désagréables et parfois douloureux.

Cette absence de fibres pose aussi un problème de palatabilité. Les repas en poudre n'offrent ni la consistance ni la résistance dont l'énorme armature musculaire et sensorielle de la bouche a besoin. Leur ingestion est trop rapide et donne l'impression de consommer du vide.

Enfin, en l'absence de fibres, l'assimilation des aliments et de leurs calories est maximale.

Il existe quelques marques qui incorporent du son de blé dans leurs protéines, mais cette présence est habituellement symbolique, et même à ces doses, ces fibres insolubles du blé sont capables d'irriter les intestins féminins si souvent trop réactifs.

Le seul vrai moyen d'utiliser toutes les ressources des fibres qui manquent si cruellement dans ces protéines en sachets est de recourir au son d'avoine, prototype de la fibre soluble, à la fois douce pour l'intestin et cruelle pour les calories qu'elle séquestre et entraîne avec elle dans les selles, véritable aubaine pour l'obèse et dont je développerai les multiples intérêts et ressources dans le paragraphe suivant.

En conclusion, en usage prolongé, les inconvénients des protéines en poudre se révèlent bien supérieurs à leurs avantages, mais en usage ponctuel, elles peuvent s'avérer très utiles. Elles peuvent ainsi remplacer un repas menaçant, remplacer un sandwich ou éviter de sauter un repas.

Dans la pratique du plan Protal, elles n'ont pas d'intérêt en cours d'amaigrissement proprement dit, mais au cours de la stabilisation définitive, elles peuvent, lors du jeudi protéiné, se substituer à l'un de ses deux repas principaux pour en renforcer l'efficacité.

Les fibres stabilisatrices :
trois cuillers de son d'avoine par jour, à vie

Le lecteur persévérant a dû constater qu'il m'arrive souvent de me répéter, mais c'est à dessein car une consigne, pour être suivie, a besoin d'être comprise et, pour être comprise, d'être martelée, surtout s'il s'agit de notions inhabituelles ou sortant du cadre explicatif traditionnel.

Si j'ai beaucoup insisté sur les protéines, c'est que contrairement à l'idée reçue, ce nutriment n'est pas, comme les graisses ou les sucres, un simple vecteur de calories. Dans certaines circonstances, notamment lorsqu'elles sont utilisées à l'état pur, les protéines peuvent devenir un « anti-aliment », non seulement en perdant une partie de leur pouvoir calorique, mais bien plus étrangement, en inhibant pour un certain temps le bon fonctionnement des organes assimilateurs.

Pour les mêmes raisons, il me faut insister sur la question des fibres dont le public averti connaît bien l'action de régulation du transit intestinal mais ignore tout de son formidable intérêt dans la régulation du poids.

Fibres solubles et insolubles

Dans la grande famille des fibres, on distingue les fibres insolubles qui servent d'enveloppe aux végétaux, résistent à la dissolution et sont utilisées pour leur résistance et leur effet de lest intestinal et dont les plus connues et les plus utilisées sont celles du son de blé.

Les fibres solubles se distinguent des précédentes par la souplesse de leur consistance et leur faculté de se dissoudre dans le tube digestif. On les trouve dans les pectines de pomme, d'aubergine, de courgette et surtout et en quantités très importantes dans le son d'avoine.

Les fibres insolubles et dures du son de blé trouvent leur meilleure indication dans la constipation mais leur dureté peut mettre à rude épreuve les intestins sensibles des femmes et plus particulièrement de celles, si nombreuses, qui se plaignent de ballonnements et rêvent d'avoir un ventre plat.

Les fibres solubles exercent, elles aussi, une action sur la constipation mais nettement plus douce et nuancée. Mais leur rôle fondamental et malheureusement insuffisamment connu, est de former dans le tube digestif un gel diffus qui enveloppe et imprègne les aliments et emprisonne dans ses myriades de vacuoles une petite partie de ce qui s'y trouve, nutriments et calories, les piège et les entraîne avec lui dans les selles.

Le son d'avoine et la pectine de pomme sont les meilleurs représentants de ces fibres mais la pectine de pomme ne se trouve pas à l'état pur dans l'alimentation et n'existe sous cette forme qu'en gélules de pharmacie. C'est la raison pour laquelle j'ai choisi le son d'avoine.

Le son d'avoine : un aliment amaigrissant avéré

Le son d'avoine est l'aliment le plus riche en fibres solubles, 25 %, bien plus que le pruneau ou les figues sèches 10 %, les haricots 7 %, les carottes ou les poireaux 3 %. Ses fibres, de par leur solubilité, sont capables d'absorber jusqu'à 40 fois leur volume d'eau.

On sait aujourd'hui qu'une consommation supérieure à 10 g par jour de ces fibres forme dans l'intestin un filet qui englue les nutriments, avantage inestimable pour ceux qui ont trop de cholestérol et pour les diabétiques qui se méfient de leur sucre, mais avantage encore supérieur pour ceux qui ont une tendance à grossir en profitant trop des aliments.

À dose suffisante, les fibres solubles de l'avoine sont donc capables de séquestrer des calories puisées dans le bol intestinal, quantités modestes mais significatives lorsqu'elles sont répétées sur de longues durées. Aussi invraisemblable que cela puisse paraître, des calories, dérobées puis entraînées dans les selles, ne passeront jamais dans le sang et ne pourront plus, de ce fait, être utilisées ou stockées par l'organisme.

Le son d'avoine organise ainsi un gaspillage inespéré des calories indésirables prélevées sur les trois nutriments fournis par l'alimentation.

On peut donc et l'on doit aujourd'hui considérer le son d'avoine comme un véritable médicament amaigrissant.

Il semble que dans ce domaine, les Américains sont plus perspicaces que nous. Fleuron de la nutrition nord-américaine, l'avoine est le premier des aliments à avoir reçu le label de l'American Heart Association qui permet aux fabricants américains de se prévaloir de cette égide prestigieuse pour le recommander en prévention des maladies cardiovasculaires et du diabète.

Comment utiliser le son d'avoine ?

Le son d'avoine se présente en flocons sans goût ni odeur. Mais sous cette forme, on lui reproche souvent de coller au palais, et à la dose de 3 cuillerées à soupe par jour, de pouvoir irriter légèrement, les premiers jours, certains intestins très sensibles. Il faut donc apprendre à s'en servir.

- Une précaution habituelle consiste à introduire progressivement le son d'avoine dans l'alimentation en commençant par une cuiller à soupe par jour pour parvenir à la dose utile de trois cuillerées par jour à la fin de la première semaine.

- Le son d'avoine peut être consommé avec de l'eau mais sa gélification rapide lui donne en bouche une consistance pâteuse qui ne séduit pas tous ses utilisateurs. Ceux-ci préfèrent l'utiliser mêlé à des laitages maigres, fromages blancs ou yaourts qui profitent de leur gélification pour gagner en consistance et développer une agréable saveur céréalière.
Mais sa meilleure présentation est celle de la crêpe ou de la galette dont voici la recette : mêler finement 2 cuillerées à soupe de son d'avoine à la même dose de son de blé. Ajouter 1 œuf ou 1 blanc seulement selon l'appétit et

1 cuillerée à soupe de fromage blanc 0 % MG. Saler ou sucrer au choix. Bien battre et cuire dans une poêle antiadhésive avec 2 gouttes d'huile appliquées au Sopalin, 1 minute de chaque côté. Sous cette forme, le son d'avoine redevient un aliment à part entière que l'utilisateur consomme avec plaisir. Associée à l'œuf et au fromage blanc, cette crêpe développe un puissant effet rassasiant qui, s'ajoutant à son effet de déperdition calorique, en fait un très rare mais authentique aliment amaigrissant.

- Une précaution d'emploi concerne les spasmophiles dont la sensibilité excessive au stress est responsable de leur déficit chronique en magnésium. Or, ce qui fait la force du son d'avoine, son pouvoir de piéger nutriments et calories dans la lumière intestinale, s'exerce aussi partiellement sur certains sels minéraux ou oligo-éléments du bol alimentaire.

À la dose de trois cuillerées à soupe par jour, cet effet n'est pas suffisant pour perturber ces éléments, mais j'adresse cette précaution à certains utilisateurs zélés qui, à la lumière des résultats obtenus, seraient tentés de multiplier ces doses et qui devraient alors ajouter à leur alimentation des doses légères de magnésium et, en hiver, de vitamine D.

En conclusion

Pour ceux qui découvrent, en me lisant, le son d'avoine et comprennent le rôle potentiel que peut jouer ce formidable apport de fibres solubles dans leur nouvelle vie, il me faut insister sur le fait que le son d'avoine n'est pas une médication. C'est une réserve concentrée et précieuse de fibres solubles, élément naturel qui est indispensable à chacun d'entre nous, et davantage encore à quatre catégories d'individus : les constipés, les obèses, les diabétiques et les surchargés en cholestérol. J'ajouterai, pour achever la démonstration, que les fibres possèdent le pouvoir reconnu de réduire, au sein d'une population et de manière significative, la fréquence des cancers de l'intestin.

Dans le cas présent, seule l'obésité ou la tendance à grossir nous préoccupent et, surtout, l'espoir d'obtenir, par deux mesures simples et peu contraignantes, une stabilisation définitive du poids.

Y a-t-il, dans une journée de protéines pures par semaine et trois cuillerées de son d'avoine par jour, de quoi faire hésiter ceux qui mènent depuis toujours un combat inégal contre leur propension à grossir ?

Résumé mémento du régime de stabilisation définitive

Retrouver une alimentation normale 6 jours sur 7, tout en gardant les bons réflexes acquis pendant la durée du régime, mais pratiquer tous les jeudis ou, en cas d'impossibilité, les mercredis ou les vendredis, une pleine journée de protéines pures (régime d'attaque), de manière régulière, stricte et pour le reste de la vie.
Prendre également chaque jour de sa vie
3 cuillerées à soupe de son d'avoine.
Négliger ces deux mesures qui constituent un des piliers du plan Protal, c'est être assuré de reprendre à moyen terme TOUT LE POIDS PERDU.

PERSONNALISATION ET SUIVI

Deux agents majeurs de réussite et de protection du projet Maigrir

J'ai écrit ce chapitre supplémentaire lors de l'édition de septembre 2008. Je l'ai inséré pour tenir ce livre informé des recherches et évolutions concernant ma méthode, réalisées depuis la première parution de cet ouvrage.

J'ai écrit *Je ne sais pas maigrir* en 2000. Cet ouvrage eut un destin que je souhaite de tout cœur à tout auteur qui estime avoir un message à transmettre. C'était mon dix-huitième livre et ce fut un livre fou, devenu en quelques années un livre de référence, un livre qui a frayé et tracé tout seul son chemin, faisant ma fierté et ma joie.

Paru entre deux portes, il a subi en première année le sort de tous les livres non poussés par la communication et la presse grand public : la menace du couperet du déréférencement.

La deuxième puis la troisième année, il a trouvé son public et l'a conquis. Et il s'est passé un phénomène rare que ni moi ni mon éditeur n'avons compris, ses ventes ont explosé et ont atteint des niveaux rarement accessibles à un auteur français, ayant fini l'année 2007 immédiatement derrière Harry Potter.

Les forums

Son succès, il le doit à l'enthousiasme de ses utilisatrices qui, en ayant bénéficié, n'ont eu de cesse de le faire savoir et ont mis un point d'honneur à venir en parler sur Internet. En l'espace de 4 ans, 144 sites, forum, blogs ont été créés par des anonymes, des bénévoles, des femmes principalement, qui sont devenues de véritables enseignantes de ma méthode, sans me connaître.

Le premier de ces sites fut le mythique « Les filles de mai » sur le forum de aufeminin.com dont j'ignorai l'existence jusqu'à ce qu'une patiente venue en consultation m'en parle. Vous imaginez que j'ai couru pour y voir ce qu'il s'y passait. C'était un peu une innovation à cette époque. Tout avait commencé sous l'égide d'une femme sergent-major, bourrée d'énergie et d'une gentillesse attendrissante. Sopranos, c'était son pseudo, avait perdu 30 kg à la lecture du petit livre que vous avez en mains et en était si contente que sa joie et son empathie étaient contagieuses. Israella était une jeune israélienne douce et mère de deux jolies petites princesses pour lesquelles elle avait décidé de maigrir. Il y avait aussi Eve, Vahinée, Maritchou et tant d'autres dont j'ai oublié le nom.

Deux ans après, le forum submergé par trop d'intervenants et d'utilisatrices, avait explosé. Il essaima alors à travers le net sur des sites prestigieux comme doctissimo, seniorplanet, supertoinette, etc.

Puis des femmes ingénieuses et probablement techniciennes créèrent leur site et fleurirent les Dukanons, les Dukanettes, les Filles du Docteur Dukan, la Dudufamily, les Duduches… puis les blogs dont je reçois régulièrement des témoignages de fidélité affectueuse.

L'international

Parallèlement, la méthode s'est ouverte à d'autres pays et cultures. Les droits du livre ont été acquis par des éditeurs étrangers, italiens, coréens, thaï-landais, espagnols, brésiliens, polonais.

Autant je comprenais le succès français de la méthode que j'avais créée et façonnée artisanale-ment pour mes patients puis pour un plus large public d'édition, autant son succès et son retentisse-ment à travers forum et presse dans d'autres cultures aussi différentes que la brésilienne et la coréenne m'interpellait.

J'ai reçu, à la suite de ces parutions étrangères, de nombreux courriers d'utilisateurs, de journa-listes, de médecins me témoignant leur sympathie et de la qualité des résultats obtenus en suivant la méthode. Tous m'indiquaient que la méthode, pour française qu'elle était, ne leur avait pas parue étrangère.

Les 100 aliments qui composent les deux phases amaigrissantes proprement dites sont tous issus du patrimoine alimentaire humain. Les 72 aliments de protéines et les 28 légumes constituent la base de l'alimentation de l'homme de nature, le chasseur de protéines et la cueilleuse de légumes. Je ne connais pas de pays au monde où l'on ne consomme pas ces aliments.

De plus la mention « à volonté » qui les accom-pagne répond à un élément de fonctionnement ins-tinctif naturel de tout être vivant. Lorsque le besoin se fait sentir, il fait boire ou manger jusqu'au plus faim ou plus soif, c'est-à-dire jusqu'au retour à l'équilibre biologique, et ce besoin est plus exi-geant quand il se double d'une envie ou d'une compulsion d'ordre psychique et affective. C'est le comptage des calories, l'auto-limitation devant l'ali-ment offert et tentant qui est contre nature, possible mais générateur de frustration.

Le phénomène bulgare

Sur ces entrefaites est survenu ce que j'ai appelé le « phénomène bulgare ». Une maison d'édition bulgare acquiert les droits de l'ouvrage. N'ayant pas les moyens de le promouvoir, il le livre sans fards ni artifices à son public. L'ouvrage fait une maigre recette de première année. L'éditeur s'apprête à l'abandonner lorsque, fidèle à son mode d'expansion habituel – le bouche à oreille – le livre entame sa carrière bulgare. Et en quelques mois, il devient l'ouvrage le plus vendu dans le pays. Le premier quotidien de Sofia me demande de recevoir sa rédactrice à Paris et fait un exceptionnel événementiel de 5 pages qui met le feu aux poudres et me voilà au cœur d'un feu d'artifice qu'aujourd'hui encore je ne comprends pas mais qui réalise l'un des temps les plus forts de mon existence. La Bulgarie, l'un des pays les plus pauvres d'Europe, sortant à peine d'hibernation et 9 millions de bulgares qui s'enflamment pour ma méthode !

Au-delà de l'anecdote et aussi ébouriffante soit-elle, je me suis mis à penser que cette méthode ne m'appartenait plus. Elle me dépassait en fait et était devenue propriété de toutes celles et tous ceux qui en avaient besoin pour maigrir. J'avais eu la chance de l'assembler mais elle devait vivre sa propre vie, parce qu'elle avait un avenir devant elle et que toutes les bonnes volontés, tous les moyens de faciliter sa diffusion étaient les bienvenus.

LA PERSONNALISATION : UN ACCÈS AUX RAISONS CIBLÉES DU SURPOIDS, UNE IMPLICATION DÉCISIVE

20 millions de cas différents@

Il y a 20 millions de personnes en surpoids en France et quelques centaines de nutritionnistes.

Dans les termes de ce rapport réside le piège actuel de la lutte contre le surpoids. On a tout dit et répété jusqu'à l'incantation sur ces chiffres et leur progression mais rien n'est fait, aucune action, aucune brèche ouverte depuis si longtemps dans cet édifice de souffrance et de mal-être.

Cherchant le moyen d'amplifier l'action produite par le livre et sa méthode, une idée folle m'avait traversé l'esprit. Cette idée reposait sur le fait, évident, que quelque soit la motivation et l'implication de mes lecteurs, mon action s'avérait souvent plus efficace quand je dirigeais personnellement les opérations, en face à face. Je dis « souvent » car j'ai reçu des témoignages de lecteurs qui ont maigri seuls avec le livre pour seule feuille de route et boussole. Mais il me semble clair que le face à face avec l'auteur de la méthode, le fait d'être tutorisé par un humain réduit la souffrance du coureur de fond solitaire et permet d'aborder les deux phases de stabilisation avec plus de réserve d'énergie et de motivation.

La raison en est simple : nous grossissons tous, d'une manière ou d'une autre, de trop ou trop souvent ou mal mettre en bouche. Mais quand je dis « d'une manière ou d'une autre », je veux dire que chacun le fait à sa manière et pour des raisons qui lui sont propres. Et, même s'il est possible de maigrir avec une méthode générale, il est plus efficient de prendre en compte le bouquet particulier de ces raisons individuelles, la personnalité pondérale de celle ou de celui qui s'apprête à maigrir.

En fait, il est plus facile de maigrir en fonction de soi que de maigrir selon une recette standardisée, il y a des évidences qui sont toujours bonnes à dire et à redire !

Une idée folle, une idée de princesse

Outre cette évidente logique, l'idée dont je parle ici prit corps lorsqu'une de mes patientes, une princesse koweïtienne, aussi belle et riche qu'obèse et capricieuse, m'avoua qu'elle avait toujours eu ce qu'elle souhaitait dans la vie mais qu'un obstacle bouchait son horizon et elle eut pour expliciter cette position cette phrase surprenante :

« J'ai toujours obtenu en payant ce que je voulais mais je n'ai trouvé aucun mercenaire qui puisse faire le régime à ma place ! »

Un jour, me voyant prendre des notes sur sa fiche, elle me demanda pourquoi j'écrivais tout ce qu'elle me disait au cours de mes consultations. Je lui répondis que chaque cas était unique et différent et que le fait de bien connaître la personnalité de la patiente qui me faisait face me permettait de mieux l'aider à maigrir et surtout à savoir quoi modifier dans son mode de vie, ses habitudes et ses comportements pour entraver sa reprise de poids.

« D'accord mais j'aimerais bien les avoir aussi ces notes puisqu'elles me concernent », puis après un temps de réflexion, elle ajouta :

« Vous pouvez faire mieux, prenez toutes les notes nécessaires et faites un livre sur moi, entièrement sur moi et mon cas. Évidemment, le prix n'a aucune importance, vous le fixerez vous-même. »

Au-delà du prix, le projet m'intéressait car il prenait la suite de cette vieille idée folle qui me taraudait depuis longtemps, réaliser une étude personnalisée du surpoids d'une personne à la fois afin de cibler son parcours et d'appliquer une solution propre à elle et elle seule.

Je me suis appliqué à pister les raisons qui font que chacun utilise l'aliment à sa manière et, ce faisant, j'ai beaucoup appris sur la partie immergée de l'iceberg, celle où l'aliment est dérouté de sa fonction première qui est d'alimenter en énergie, en nutriments et en micronutriments, pour fournir une nourriture infiniment plus précieuse : l'apport de plaisir ou la neutralisation du déplaisir. Et c'est dans cette dérive de la fonction alimentaire que chacun diffère fondamentalement.

Au bout de trois mois, j'avais déjà une ébauche de son livre mais je me lassais car le projet m'occupait trop. Je lui renvoyai une cinquantaine de pages en m'excusant du peu.

Lorsque je la revis, quelques mois plus tard, elle était joyeuse et m'annonça, à ma surprise, qu'elle avait maigri et que ces quelques observations sur elle avaient tout simplement infléchi quelques-uns de ses comportements et habitudes et avaient modifié son tableau de bord et son poids. Oh, elle n'avait pas fondu mais elle avait assisté à la disparition magique de quelques kilos sans en comprendre la raison, ce qui donnait à ces quelques pages une valeur quasi magique.

Elle me demanda de continuer et je lui promis d'essayer. Ce que je fis mais non pas à sa seule intention et sa princière personne mais dans une perspective plus large, tenter de mettre en place un système ou un programme qui rende cette personnalisation, cette exploration et cette étude possible pour n'importe quelle personne en surpoids et désirant maigrir en fonction d'elle-même et seulement d'elle.

De la princesse à l'informaticien

La suite, je la construisis avec l'informatique et les informaticiens, le recours à l'intelligence artificielle dans ce qu'elle a de plus sophistiqué, la réunion de 32 médecins, presque tous des amis, issus de toutes les disciplines impliquées ou concernées par le surpoids, l'étude de milliers de cas, l'analyse, la mise en série de facteurs et de paramètres se conjuguant pour expliquer la prise de poids individuelle.

Il y eut aussi l'introduction en bases de 27 000 pages de données, d'informations collectées de par le monde dans tous les services, universités et centres de recherche traitant du surpoids.

Le moment arriva où il fallut créer un questionnaire d'investigation, une matrice permettant d'explorer l'équation individuelle, secteur par secteur, partant de l'âge et du sexe pour aller jusqu'à l'image de soi en passant par les goûts, les préférences alimentaires, la vie familiale et professionnelle, etc.

Puis d'organiser et d'articuler les réponses aux 154 questions posées composant la carte d'identité pondérale d'un individu et de localiser les raisons du surpoids, les causes de la prise de poids en les classant selon leur degré de responsabilité. Cela consistait à faire un diagnostic du surpoids permettant d'en apporter la solution.

Un jour, le chef de projet nous convoqua et nous fit la première démonstration. Ce fut une amie personnelle qui remplit le premier questionnaire. L'extraction se fit sous contrôle informatique, nous les validions au fur et à mesure de leur classement et lorsque tout fut fini, nous avions devant les yeux ce que nous dénommons depuis « le code pondéral individuel ». Puis ce code fut injecté dans les bases de données et durant une nuit, la puissance de calcul opéra et le matin, nous eûmes la surprise de voir s'afficher le premier Livre de Mon Poids, le livre d'Aliza qui en fut éblouie et interloquée. La suite, ce fut le lancement du site www.livredemonpoids.com en France puis www.librodemipeso.com en Espagne et www.myweightbook.com aux États-Unis.

Nous étions fiers d'avoir créé le premier livre à lecteur unique, un livre qui quittait le modèle Gutenberg où un auteur écrivait pour un public aussi large que possible pour ouvrir un nouveau modèle où une équipe d'experts écrit pour un lecteur unique sur un thème précis, en l'occurrence le surpoids, puisque nous avions commencé par celui que nous connaissions le mieux.

Les résultats

Depuis, nous avons testé la méthode sur les 10 000 premiers inscrits (Étude Apage) que nous suivons de 6 en 6 mois. Les ultimes statistiques à 18-24 mois montrent de très bons résultats pour la perte de poids, semblables à ceux obtenus avec les meilleurs régimes actuels effectués dans de bonnes conditions et sous contrôle médical. Mais, c'est au niveau hautement stratégique de l'après-maigrir que les résultats obtenus divergent profondément de tout ce qui existe sur le marché, les résultats à deux ans montrent que le poids est stabilisé dans 63 % des cas recueillis contre un traditionnel 95 % d'échecs, soit 5 % de réussite.

Ce succès, nous l'avons imputé à l'implication de celle ou celui qui reçoit un plein ouvrage de référence sur lui.

Qui, aujourd'hui, peut seulement prendre le temps de poser 154 questions pertinentes ? Personne assurément !

Qui prendrait celui de les analyser et de les classer pour comprendre le cas de celui qui y a répondu ?

Qui prendrait la plume pour mettre en page un diagnostic aussi documenté ?

Quel imprimeur enfin imprimerait un tel ouvrage en un seul exemplaire et le ferait livrer au domicile de celle ou celui qui l'aurait commandé ?

Cela, nous l'avons fait, tous ensemble sous l'aiguillon de la passion et du plaisir d'innover et de construire du fondamentalement innovant dans un monde où tout semble avoir été dit. Pratiquement tous des bénévoles, 32 médecins, quatre ingénieurs et un architecte informaticien de génie, des graphistes.

La personnalisation à grande échelle, son coût, sa démocratisation.

Mais malgré cela, le Livre de Mon Poids avait un coût qui a réduit son expansion. L'impression à exemplaire unique, les frais postaux, l'hébergement du site et surtout le profit des investisseurs conjugués imposaient un prix de simple maintien en survie économique de 59 euros, ce qui était à la fois peu au constat de ce que cela représentait et apportait mais aussi beaucoup pour certains qui le commandaient. Aujourd'hui, l'amortissement des investissements initiaux est achevé et les financiers partis, il est désormais possible de diffuser le livre en version numérique pour moins de la moitié. Cela est notre grande victoire et il n'est pas impossible que nous puissions faire mieux. Lors de la Semaine de Lutte contre le Surpoids, nous avons offert 10 000 ouvrages gratuitement et nous allons essayer de recommencer l'opération sous l'égide de la Communauté Européenne et du Commissariat à la Santé.

Le suivi : La structure, la prise en charge, une présence compétente et sécurisante, des consignes claires et précises à suivre, des comptes à rendre sur feuille de route. Le tout quotidiennement.

En 2008, les statistiques mondiales du surpoids se sont considérablement aggravées, l'Inde et la Chine apportant leur triste tribut payé à la richesse et à la découverte du mode de vie occidental.

En France, la progression moyenne s'élève encore, portant plus fortement sur les enfants et les adolescents. Il fallait impérativement trouver d'autres moyens de freiner cette progression, une machine folle lancée à grande vitesse dans un environnement fataliste assez proche de l'indifférence.

Car en fait, les décideurs et ceux qui détiennent les pouvoirs d'intervenir sur les paramètres d'ajustement de la progression du surpoids semblent depuis longtemps paralysés, n'y croyant plus, en tous cas, semblant avoir baissé les bras et se contentant de répéter à qui veut l'entendre que pour ne pas grossir il suffit de manger moins, de bouger plus et de consommer 5 fruits et légumes par jour.

Tous les ans, une « mesurette » tente de réduire l'intensité de la communication et de la publicité sur les produits de grignotage aux heures de forte audience des enfants, d'interdire la promotion de l'anorexie en public. Mais rien d'autre.

Pendant ce temps, un brevet sur deux dans le monde est déposé qui propose de réduire encore l'effort physique et de gagner du temps sur chaque opération humaine. Une manière frontale de faire grossir en réduisant les dépenses et en augmentant le stress induit par la vitesse de vie et sa compression.

Pendant ce temps, de nouvelles lignes de grignotage se créent, plus séduisantes les unes que les autres utilisant comme argument direct de marketing, la teneur travaillée en sucre, en graisse et en sel, des packagings attractifs, des arguments aux mots pesés et calculés, des images de rêve où des minces constitutionnelles croquent de belles pommes vertes en se mesurant le tour de taille, le tout pour vendre des lipides et des glucides rapides dont on connaît le pouvoir grossissant.

Et pendant ce même temps, 35 000 à 40 000 Français meurent directement chaque année de leur surpoids, emportés par un diabète ou un infarctus de pléthore !

IL FALLAIT DONC RÉAGIR !

Les tentatives américaines

Plusieurs grandes études internationales ont montré que l'une des clés majeures de la lutte contre le surpoids résidait dans le suivi par un professionnel de santé de celle ou celui qui suivait un plan amaigrissant. Les résultats obtenus s'en trouvaient incontestablement améliorés, tant pour obtenir la perte de poids que pour la conserver et la stabiliser sur le moyen terme. Le seul problème était de parvenir à recruter les millions de nutritionnistes de par le monde qui pourraient se charger de ce suivi.

D'autre part, de nombreux sites Internet ont été créés pour proposer un coaching d'amaigrissement par un programme diététique et un programme d'activité physique.

En tant que président d'une association internationale de lutte contre le surpoids, j'ai été invité aux États-Unis pour voir ce qui se faisait de mieux dans ce domaine, les Américains ayant toujours eu de l'avance dans l'innovation technologique et régnant sans partage sur les statistiques du surpoids et le besoin de maigrir.

J'y ai rencontré mes homologues américains, des médecins d'envergure confrontés à des problèmes infiniment plus graves que ceux qui pourtant nous accablent en France, jaloux de la lenteur de notre progression du surpoids, de la moindre morbidité et mortalité de notre mode de vie malgré notre cuisine et le fait que nous revendiquons, entre autres, l'invention de la Mayonnaise, du Camembert et du Foie gras.

Avec eux, j'ai visité les plus grands sites américains de coaching du poids *on line* dont certains, parmi les plus fréquentés avaient été conçus et réalisés avec leur aide.

Dans ces sites, extrêmement professionnels, si vous parcourez leur page d'accueil et leurs bandeaux publicitaires, vous lisez partout que le coaching proposé est personnalisé et assuré par des professionnels.

En fait, il n'en est rien au niveau personnalisation. Oui, aucun site américain de coaching n'est hélas personnalisé. Vous ne trouvez partout que le simple découpage d'une méthode standardisée parvenant par tranches aux adhérents.

Certes, ces grands sites américains ont une puissance financière colossale. Ils sont cotés en bourse, ils ont les moyens de faire parvenir chaque jour à leurs adhérents un flux d'informations de bonne qualité, des recettes, des mouvements d'activité physique, des astuces mais rien qui ne s'adresse à VOUS en particulier. Ainsi, un couple en surpoids, mari et femme s'inscrivant ensemble le même jour, recevront les mêmes consignes, quels que soient leur différence d'âge, de sexe, de poids et leur besoin de nourriture.

Internet, par son ouverture et son interactivité, offrait donc un espoir, une vraie promesse de suivi qui aurait pu changer bien des choses en s'attaquant grâce à la technologie Internet à un milliard trois cents millions d'individus gros ou obèses. Un défi mondial de personnalisation de masse qui aurait pu infléchir la progression du surpoids. Mais cette promesse ne parvenait pas à se mettre en place pour la simple raison que cette standardisation de l'offre ne semblait pas décourager les adhérents américains, les besoins d'être pris en charge et encadrés étaient tels dans ce pays qu'ils se contentaient de cet ersatz de solution.

La mise en chantier

De retour en France, j'ai décidé de mettre l'expertise de personnalisation acquise avec le Livre à lecteur unique au service du coaching. Je sentais qu'il m'était possible de lui apporter de la sorte ce qui fait l'essence même du suivi, l'aide directe de face à face : **Tu sais qui je suis, je sais qui tu es et ce dont tu as besoin pour parvenir à ton objectif dans les meilleurs délais et avec le moins de frustration possible**.

Je décidais donc de me lancer dans ce nouveau challenge et d'y mettre tout mon enthousiasme. Je partais avec la conviction que si j'y parvenais, un moyen nouveau d'importance verrait le jour, un moyen qui aurait enfin les moyens réunis d'avoir une réelle chance d'être opposé à l'épidémie du surpoids.

Pour cela, j'ai demandé à mes amis de reprendre du service, les 32 médecins qui m'avaient accompagné dans la création du Livre de Mon Poids ainsi que l'équipe d'informaticiens. Le projet passionnait tout le monde, il y avait même de nouveaux venus, des Américains et des Canadiens tentés par l'aventure.

Nous avions acquis une expertise unique au monde avec le premier livre personnalisé. Mais le problème du coaching était différent. Il ne s'agissait plus seulement d'identifier et de caractériser dans les moindres détails la personnalité pondérale de l'adhérent, il fallait pouvoir suivre cet adhérent au quotidien. Il fallait s'adapter au déroulement de sa feuille de route, à la manière dont il la suivait dans la jungle de ses tentations, de ses déplacements, de ses voyages, de ses maladies de rencontre, de ses repas d'affaire, de ses stress, de ses faiblesses comme de ses sursauts de motivation, tout ce qui fait la vie d'un individu ordinaire qui affronte son poids.

L'objectif : une personne par une personne et un jour après l'autre

J'avais donc placé la barre très haut puisque je désirai que ce suivi soit non seulement quotidien mais qu'il soit interactif. Un suivi à sens unique, un simple lâcher d'informations m'aurait ramené à la solution américaine. Je tenais à ce que le donneur de consignes, moi en l'occurrence, puisse recueillir le compte rendu de l'adhérent chaque soir pour m'adapter au relief de son quotidien et y réagir.

Pour cela, nous avons repris la vieille méthode du travail en *brainstorming*, couplant celui des médecins à celui des informaticiens.

Avec les spécialistes américains de l'intelligence artificielle, nous sommes parvenus à créer et à breveter un nouveau mode de communication, le Canal EARQ – E-mail Aller-retour Quotidien. Ce procédé permet d'envoyer chaque matin mes consignes et permet à l'adhérent de renvoyer chaque soir son compte rendu ultra-rapide mais complet qui m'est indispensable pour adapter mes consignes du lendemain matin.

L'adaptation aux quatre phases du plan

Ce suivi quotidien interactif prend en charge l'adhérent au premier jour de sa phase d'attaque pour ne plus jamais l'abandonner.

Jour après jour, e-mail après e-mail, le suivi progresse tout au long de sa phase de Croisière jusqu'à son Juste Poids.

Puis, le suivi continue en phase de Consolidation tout au long de ses 10 jours par kilo perdu.

Mais contrairement à ce qui s'est toujours passé jusqu'à présent et qui explique tant d'échecs et de récidives, ce suivi ne s'éteint pas. Il demeure pendant la quatrième phase, de Stabilisation Définitive. Cette phase si souvent ignorée ne doit pas cesser étant admis que l'on ne guérit jamais totalement d'un excès de poids suffisamment conséquent pour avoir modifié le pondérostat que chacun de nous porte en lui.

Personne n'aime le « définitif » quand il concerne une bride alimentaire. De plus, pour oser proposer un service définitif, il fallait que cette dernière phase ouverte soit gratuite ou d'un coût symbolique, qu'elle soit discrète, une présence bienveillante et compétente aux côtés de celle ou celui qui venait de maigrir par beau temps mais savait que le gros temps existe, les inévitables moments difficiles où les aspérités de l'alimentation gratifiante permettent de s'accrocher. La très grande majorité de ceux qui grossissent concerne des personnes qui ont une facilité naturelle à se consoler et faire face aux difficultés de la vie en fabriquant du plaisir à manger.

Le coaching à visage humain

Et c'est dans ces moments difficiles que l'on a le plus besoin de présence sécurisante et de directives assurées. Le coaching à visage humain offre là sa meilleure indication. Sa mission première est d'éviter la dramatisation et la culpabilisation qui faussent le jugement et installent dans la défaite. Puis, de riposter vite et fort, de mettre en place des alertes précoces au premier kilo repris, d'offrir une écoute, une présence disponible et sûre. En cas de reprise de poids, d'instaurer des ripostes graduées, des remparts aux murs de plus en plus larges à mesure que l'ennemi s'enhardit.

Sachant que les difficultés de la vie ont elles aussi une fin, il importe de protéger une image positive et une estime de soi indispensables à la persistance d'un projet positif.

Le chat une heure par jour en direct

Pour conférer à ce coaching son visage humain, j'ai tenu à ce que ce soit le mien, ma signature affective. J'ai donc décidé que je serais présent une pleine heure par jour en direct pour un chat. Une heure où je répondrais personnellement aux questions que se sont posées mes patientes tout au long de ma vie de praticien. Neuf fois sur dix, elles en connaissent d'avance les réponses mais c'est de poser la question qui importe, d'être écoutée, de créer mentalement une barrière installée par une volonté extérieure qui devient nécessaire sans être contraignante. Il y a un monde, pour quelqu'un qui a envie de chocolat, entre s'interdire de toucher à la tablette ouverte sur la table et savoir qu'il n'y en a pas dans la maison ni dans la ville. C'est la différence entre un interdit contournable et le mur inébranlable de la nécessité. Le coaching à visage humain, c'est celui qui instaure cette nécessité qui libère de l'auto-contrainte, du choix que l'on s'impose volontairement, celui qui fait mal, qui demande de l'énergie, qui consomme de la motivation inutilement.

La stagnation, première cause d'échec d'un régime

Il y a dans mon régime comme dans n'importe quel combat, un moment difficile où le risque d'échec est plus grand qu'à tout autre, c'est celui qui survient en phase 2, la phase de Croisière. L'Attaque, brève et foudroyante a trouvé un corps naïf qui s'est laissé surprendre et a perdu sans réelle résistance des « kilos faciles » et de l'eau stagnante. La phase suivante, dite de Croisière, trouve un corps aguerri et fermement décidé à défendre ses réserves.

C'est là, dans ce champ de bataille que se livrent les luttes difficiles, celles où la victoire incertaine change de camp facilement. « Je perds 800 gr, j'en reprends 600, le lendemain, tout revient puis repart et rien n'y fait, je désespère, que faire docteur ? » Ce sont les moments à risques où les efforts ne sont pas récompensés que mes patientes ont coutume d'appeler leur période de stagnation.

Les raisons de la stagnation

Elles sont multiples et disparates.

On trouve déjà celles qui font des erreurs de régime sans le savoir ou sans le préciser dans leur compte rendu du soir.

Des femmes qui, tout simplement, attendent leurs règles et gonflent.

Toutes les femmes sujettes à la rétention d'eau, qui ont mangé trop salé la veille ou ont pris un verre de vin vite oublié.

Celles qui prennent des anti-inflammatoires pour un rhumatisme ou une douleur vertébrale, celles qui prennent des antidépresseurs ou pire, des neuroleptiques.

Il y a aussi celles qui ont fait tant de régimes, ont perdu et repris tant de poids que leur métabolisme est devenu extrêmement économe et leur corps résistant aux régimes.

Il y a des femmes que le régime constipe et qui grossissent passagèrement d'éliminer insuffisamment.

Il y a les femmes en préménopause, le moment de la vie d'une femme où le risque de prise de poids est le plus grand et où la rétention est couplée à des freins métaboliques.

Il y a aussi la ménopause confirmée avec un traitement hormonal mal suivi.

Enfin, la terreur des régimes, la paresse thyroïdienne qui interdit toute progression et qu'il faut très vite diagnostiquer sous peine d'échec.

Vous voyez ! Il y a tant et tant de causes qui peuvent participer à ralentir ou bloquer une perte de poids.

Et c'est LÀ, dans ces périodes de stagnation, que le coaching et son suivi personnalisé trouve sa meilleure raison d'être. Il permet de trouver la cause du blocage, de l'expliquer, de la faire admettre, de donner une date où la stagnation devra céder, un délai qui permette d'attendre. Et pendant ce temps, mettre tout en œuvre pour réenclencher les rouages du maigrir. Repasser en phase d'attaque quelques jours, augmenter ou réduire les boissons selon le cas, interrompre momentanément les aliments trop salés, bouger plus, injecter 20, 30, 40, 50, 60 minutes de marche, corriger la constipation avec de l'huile de paraffine, de la rhubarbe ou de l'Hépar fraîche à jeun, des séances d'abdominaux, conseiller un draineur, intensifier la prise de son d'avoine...

Pendant la stagnation, l'horrible et désespérante stagnation, il faut savoir apprivoiser le temps qui passe pour en faire un ami. Mais oui, dans ces moments difficiles où le corps est arc-bouté en défense, en résistance maximale, comprendre que ne pas grossir est déjà en soi un exploit et que, au moindre relâchement, au moindre signe de faiblesse, le corps reprendrait l'avantage et la prise de poids serait démultipliée !

« Faites une pleine journée de super-surveillance et revenez demain après la pesée me donner des bonnes nouvelles ! » Voilà ce qu'une personne installée dans le doute et soumise à tentation attend, une promesse, une étape, un jalon, un espoir, une présence et un ton qui affirment et rassurent à la fois. Une fois la stagnation passée, qu'il est beau le sourire d'une femme qui vient vous remercier, qui n'y croyait plus et qui, soudain, voit l'aiguille de la balance descendre d'un cran !

Ce service de coaching, je lui ai donné mon nom : regimedukan.com, il est en service depuis avril 2008, c'est ma fierté. Il m'apporte autant de joie que mes propres consultations. Il est plus mystérieux car je ne connais pas les visages mais cela laisse plus d'espace à l'imaginaire.

Sur le plan pratique, ce service vient de fêter ses 6 mois et ses premiers résultats laissent à penser que l'idée fondatrice était bonne. Près de 10 000 adhérents remplissent chaque soir leur compte rendu de la journée et reçoivent chaque lendemain matin leurs nouvelles consignes. 75 % d'entre eux lisent en direct le chat que je prends plaisir d'animer chaque jour pendant plus d'une heure.

C'est au cours de ces 60 minutes que je prends le pouls de cette communauté composée principalement de femmes, bien souvent en souffrance et cherchant une main directrice et expérimentée à tenir pendant l'épreuve. La plupart d'entre elles ont commencé par lire le livre que vous avez en mains. Elles se sont senties prêtes à se lancer dans l'aventure à étapes que je propose et ont démarré avec la feuille de route très précise que ma méthode propose. Certaines, plus vulnérables que d'autres ou plus résistantes pour avoir abusé des régimes, ont éprouvé le besoin d'être encadrées et ont intégré ce service de coaching.

Dans l'optique de soutien, d'émulation, de partage d'empathie, un forum a vu le jour, comme toujours initié et animé par des bénévoles, des anonymes, des femmes qui ayant appris auprès d'autres, deviennent elles-mêmes des relais, des « enseignantes » et en tirent profit car, aidant les autres, elles s'aident elles-mêmes et consolident, et leur savoir, et leur motivation.

R.I.P.O.S.T.E, l'association internationale que je préside cette année et qui a initié en France la première Semaine de Lutte contre le Surpoids en juin 2008 se propose, pour l'avenir, comme cela a été fait en Allemagne et au Brésil, de demander aux grandes mutuelles de santé, voire même ultérieurement aux Caisses d'Assurance-maladie, d'en assurer une part de financement.

Dans ce cadre, le service rendu, tel qu'il est en passe d'être assuré pour le suivi du diabète, pourrait bénéficier d'un coût citoyen et non lucratif. Je l'espère de tout cœur et je vais m'y employer car le coût financier et surtout les souffrances engendrées par le surpoids qui gagne sans cesse du terrain, nécessitent un retour urgent du corps médical sur ce terrain.

Le surpoids est une affaire médicale

Les médecins généralistes, privés de résultats, perdus dans l'apparente profusion des régimes, freinés par des demandes de prise en charge qui demandent beaucoup de temps, privés de médicaments, confrontés aux échecs et aux récidives quasi systématiques, ont progressivement baissé les bras face au surpoids.

D'autant que, pour de nombreux généralistes, prendre du poids n'est pas en soi une maladie, la perte de poids non justifiée les inquiétant infiniment plus.

Un grand nombre de médecins trouve les demandes d'amaigrissement modérées injustifiées et souvent en frontière du futile. C'est parfois vrai mais toute obésité a commencé par un léger surpoids et il n'est pas souhaitable d'attendre l'apparition des complications et des comorbidités pour intervenir.

Notre association R.I.P.O.S.T.E, milite donc activement pour un retour en force des généralistes français sur le terrain du surpoids. Ils ont le nombre, l'empathie et la compétence médicale. En serrant les rangs, ils peuvent constituer une vraie ligne de défense face à l'épidémie du surpoids. Leur retour permettrait aussi de ne pas laisser le terrain libre à ceux qui en font mauvais usage, tous ceux qui, promettant du rêve, commercialisent des solutions dénuées de sens, accumulent les échecs, créent des résistances génératrices de prises de poids en retour.

Ces non-professionnels trouvent dans le désarroi et la souffrance de certaines femmes en surpoids un terrain favorable à l'adhésion à de vaines promesses commerciales. Ce qui les prive d'autres solutions et soutiens de qualité. Cette diversion et le développement de résistances acquises représentent une part non négligeable de la responsabilité de l'échec de la lutte contre le surpoids.

La semaine dernière, j'ai personnellement reçu une *newsletter* me proposant de perdre 6 kg en 28 jours – pourquoi 28 jours ? – sans même savoir à quel sexe j'appartiens, sans connaître mon âge et encore moins l'historique de mon poids mais en m'assurant un taux de succès de 92 %. Plus préoccupant, la *newsletter* assurait une guérison du diabète dans… 100 % des cas et tout autant, 100 % de guérison de mon cholestérol, que je n'ai pas.

De telles pratiques sont dangereuses, non pas parce qu'elles proposent, du vent et du rêve, mais parce que, séduisantes et hyper-prometteuses, elles occupent le terrain et prennent le pas sur des solutions moins idylliques mais infiniment plus utiles sur le moyen et long terme.

Vous, mes lectrices et lecteurs, soyez donc vigilants. Perdre du poids n'est déjà pas si simple et guérir du surpoids est une tout autre affaire qui demande un vrai savoir-faire, de l'expérience, de l'empathie et, j'en suis convaincu, une vraie compétence et beaucoup de sérieux.

Il faut, c'est impératif, que la lutte contre le surpoids soit assurée par des médecins. Nous attendons donc avec impatience le retour des généralistes. Deux cent mille professionnels, une force considérable si on leur donne les moyens d'agir.

RECETTES ET MENUS
POUR LE RÉGIME D'ATTAQUE
ET LE RÉGIME DE CROISIÈRE

Le régime des protéines pures qui constitue le fer de lance de la partie strictement amaigrissante de Protal et du jeudi de stabilisation, doit vous être désormais familier. Si vous l'avez déjà commencé, vous avez probablement constaté son surprenant mélange de simplicité et d'efficacité. Cette simplicité qui exclut toute ambiguïté et cible très précisément les aliments à utiliser constitue l'un de ses meilleurs atouts. Mais ce régime a aussi son talon d'Achille qui tient au fait qu'un certain nombre de patients risquent, par manque de temps ou d'imagination de se cantonner dans une sélection trop restreinte d'aliments et de finir par se nourrir de manière répétitive et lassante des sempiternels steaks, œufs durs, et yaourts maigres.

Bien sûr, cette solution est conforme au credo de ce régime qui permet de se nourrir librement à l'intérieur de la liste des aliments autorisés mais, à la longue, une telle limitation peut paraître monotone et pesante et donner à tort l'impression que ce régime est un régime triste et frustrant.

Or, il n'en est rien et il est impératif, notamment pour ceux ou celles qui ont beaucoup de poids à perdre de faire l'effort nécessaire pour rendre ce régime, non pas seulement acceptable, mais appétissant et attractif.

Au fil de mes consultations, j'ai pu constater que, face à la même liste d'aliments autorisés, certaines femmes se montraient plus inventives que d'autres et parvenaient à créer des combinaisons audacieuses d'aliments et des préparations et des recettes innovantes qui rendaient leur régime agréable.

J'ai donc pris l'habitude de noter ces recettes et de les proposer à d'autres femmes disposant de moins de temps ou de créativité, créant ainsi une bourse d'échange au service de tous ceux qui s'apprêtaient à démarrer Protal.

Ces recettes ne font appel qu'à la liste des seuls aliments composant le régime d'attaque strictement protéiné, puis de celle du régime de croisière des protéines alternatives.

Ces recettes ne sont que des suggestions et n'épuisent pas la veine inventive de certaines femmes qui parviennent toujours à innover et rendre ce régime chaque jour plus diversifié. Si certaines d'entre vous appartiennent à ce cercle sans cesse plus restreint des cordons bleus, je leur suis d'avance reconnaissant de me faire parvenir de nouvelles recettes que je ne manquerai pas d'inclure dans les prochaines éditions de cet ouvrage.

L'objectif ultime de ce recueil de recettes étant de permettre à celui qui l'utilise de tenir le temps imparti et pour cela d'améliorer la qualité et la présentation des mets et des repas.

Recettes pour le régime d'attaque : protéines pures

La grande majorité des sauces font appel aux corps gras, huile, beurre ou crème qui sont les principaux ennemis du candidat à l'amaigrissement et, de ce fait, totalement exclus des deux premières phases strictement amaigrissantes.

Le grand problème de Protal est donc de trouver des liants et des sauces qui permettent d'accommoder des aliments aussi nobles et précieux que les viandes, les poissons, les œufs ou la volaille.

Pour remplacer ces corps gras, nous avons à disposition de l'huile de paraffine, de la gomme de guar et de la maïzena.

• **L'huile de paraffine.** Comme je vous l'ai déjà dit, il s'agit d'une huile minérale qui traverse le tube digestif sans le pénétrer. Cette caractéristique fait qu'elle n'apporte aucune calorie à l'organisme et qu'elle graisse les intestins par son pouvoir lubrifiant, fort utile dans ces régimes plutôt constipants.

Ses seuls inconvénients tiennent à sa consistance plus lourde que celle de l'huile végétale, inconvénient que l'on réduit notablement par l'adjonction d'eau de Perrier qui facilite son émulsion et à la possibilité, lorsqu'on en abuse, de provoquer quelques fuites désagréables, inconvénient que l'on minore par la réduction des doses et la manière de le lier aux autres ingrédients d'une sauce.

• **La gomme guar.** Peu connu, cet ingrédient végétal est vendu sous forme de poudre en pharmacie. Pratiquement dépourvu de calories, son pouvoir gélifiant naturel lui permet d'épaissir les sauces et de leur conférer une onctuosité qui rappelle celle des graisses. Elle s'utilise en très petite quantité (1/4 de cuiller à café pour 150 ml de liquide) et épaissit à la chaleur.

• **La maïzena.** Cet ingrédient voisin du tapioca est utile en cuisson pour son important pouvoir liant et épaississant. C'est un glucide, mais les quantités utiles sont si minimes (une cuiller à café pour 125 ml de sauce) qu'elles en sont négligeables. La maïzena permet, elle aussi, d'obtenir une sauce onctueuse, notamment la béchamel, sans adjonction de corps gras.

Avant usage, elle doit être délayée dans un peu de liquide froid, eau, lait ou bouillon, avant d'être incorporée au mélange chaud. Elle épaissit à la cuisson.

• **Les cubes de bouillon dégraissés (pot-au-feu, volaille, poisson et légumes).** Ils sont très utiles dans la préparation de certaines sauces, non seulement pour leur pouvoir liant et épaississant en remplacement de l'huile dans la vinaigrette, mais aussi et surtout, mêlés à un nid d'oignons hachés et dorés, pour agrémenter la cuisson des viandes et des poissons sans apport de matières grasses.

À partir de ces ingrédients, je vous propose quelques recettes de sauces de base.

La vinaigrette

Sauce de base d'une grande importance utilisable en période de croisière pour faciliter la consommation des salades et des crudités. Elle peut se préparer de trois manières et s'adapter ainsi à la plupart des goûts.

• **Vinaigrette à la paraffine.** Pour obtenir une vinaigrette au goût agréable et faire oublier l'épaisseur de la paraffine, il faut l'émulsionner dans de l'eau de Perrier et forcer sur le vinaigre et la moutarde. Respecter les proportions suivantes :

1 cuillerée à soupe d'huile de paraffine
1 cuillerée de Perrier
2 cuillerées de vinaigre de Xérès, framboise ou balsamique
1 cuillerée de moutarde de Dijon

Saler et poivrer. Les gourmets peuvent ajouter des fines herbes, de la sauce soja, du Tabasco ou de la Worcestershire.

• **Vinaigrette au bouillon de légumes.** Diluer à chaud un cube de bouillon de légumes dégraissé dans deux cuillers à soupe d'eau puis ajouter une cuiller à café rase de maïzena, deux cuillers à soupe de vinaigre et une cuiller à soupe de moutarde à l'ancienne.

Sauce mayonnaise

• **Mayonnaise classique à la paraffine.** Mettre dans un bol un jaune d'œuf avec sel et poivre et une cuiller à café de vinaigre. Délayer lentement l'œuf pour que sel, poivre et vinaigre se trouvent bien mêlés. Ajouter, toujours en tournant, de l'huile de paraffine goutte à goutte. Lorsque la sauce commence à prendre, rectifier l'assaisonnement si nécessaire. C'est le moment d'ajouter la moutarde pour faciliter l'émulsion d'une sauce bien liée.

- **Mayonnaise verte.** Préparer de la même manière en ajoutant abondamment cerfeuil et civette hachés.
- **Mayonnaise sans huile.** Faire cuire un œuf dur. Écraser l'œuf à la fourchette et l'incorporer dans un demi-fromage blanc à 0 % MG (50 g). Ajouter des fines herbes, saler et poivrer.

Sauce béarnaise de régime

Prendre de l'échalote, de l'estragon, du vinaigre, deux œufs. Dans un petit verre de vinaigre, faire cuire l'échalote hachée finement. Ajouter l'estragon tel quel ou haché selon les goûts. Laisser tiédir le vinaigre et le verser sur les deux jaunes d'œufs en battant bien comme pour une mayonnaise.

Sauce ravigote

Ajouter deux cuillers à café d'huile de paraffine, saler, poivrer, laisser chauffer au bain-marie et servir avec une viande froide ou chaude.

Mixer un œuf dur, trois cornichons moyens, un petit oignon cru et un gros bouquet d'herbes. Les mélanger dans un bol avec deux yaourts à 0 % MG, 1/2 cuiller à café de moutarde et le sel.

La ravigote s'utilise en accompagnement des poissons, œufs durs, viandes et légumes.

Sauce blanche

Prendre deux œufs, un yaourt maigre et une demi-tasse de lait écrémé. Faire tiédir le lait puis le saler et le poivrer. Le verser alors sur les deux jaunes d'œufs en battant bien, puis ajouter le yaourt. Terminer en chauffant le tout au bain-marie.

Pour accompagner les poissons, on peut ajouter un cornichon haché.

Sauce gribiche

Pour 4 personnes. Passer un œuf cuit dur à la moulinette. Ajouter 2 cuillers à café de moutarde, 1 cuiller à soupe de vinaigre, 1 cuiller à café d'huile de paraffine préalablement mêlée à de l'eau de Perrier, puis ajouter 1 cuiller à soupe de yaourt nature battu, du sel, du poivre, du persil et des cornichons hachés. Accompagne avantageusement le pot-au-feu, les viandes froides, et tout particulièrement la langue.

Sauce verte

Prendre 25 g de chacune des herbes fraîches suivantes : oseille ou cresson au choix, persil, estragon, ciboulette, céleri feuille, menthe et jeune échalote.

Hacher ces herbes au mouli-persil très finement, puis rajouter les jeunes échalotes. Couper trois œufs durs en morceaux avec le blanc et les mixer. Mélanger 4 yaourts maigres, le vinaigre, le sel et le poivre, les herbes et les échalotes. Mixer et placer au frais.

La sauce verte accommode parfaitement le bœuf cuit en pot-au-feu, chaud ou froid.

Coulis de tomates

Pour 4 personnes. Dans une sauteuse antiadhésive, faire revenir l'oignon émincé puis ajouter 6 à 8 tomates fraîches sans peau ni pépins ou, pour les plus pressés, 300 ml de concassé de tomates. Saler et poivrer.

Couvrir et laisser cuire à feu doux vingt minutes. Laisser refroidir et mixer. Parfumer avec de la menthe fraîche, du basilic et de l'estragon.

Utiliser avec les terrines de poissons ou de légumes.

Sauce aux fines herbes

Pour 4 personnes. Dissoudre un cube de pot-au-feu ou poisson ou légumes, dégraissé dans un demi-verre d'eau tiède et y ajouter, en la délayant, 1 cuiller à café de maïzena. Épaissir le tout dans une casserole sur le feu en remuant. Hors du feu, incorporer, en le mélangeant bien, 200 g de fromage blanc maigre, des fines herbes, du sel et du poivre.

Accompagne aussi bien les viandes que le poisson.

Sauce chasseur

Pour 4 personnes. Faire cuire deux échalotes émincées dans 3 cuillers à soupe de vinaigre et 2 cuillers à soupe d'eau à couvert une dizaine de minutes. Découvrir et laisser réduire 5 minutes.

Hors du feu, ajouter un jaune d'œuf battu et 2 cuillers à soupe de fromage blanc. Saler et poivrer. Ajouter une branche d'estragon haché. Réchauffer au bain-marie pour obtenir l'épaississement final de la sauce.

S'utilise avec viandes et poissons.

Sauce hollandaise

Pour 4 personnes. Dans une casserole au bain-marie, fouetter 1 jaune d'œuf avec 1 cuiller à café de moutarde et 2 cuillers à soupe de jus de citron. Laisser chauffer quelques minutes à feu doux pour épaissir la sauce puis ajouter lentement en continuant à fouetter 50 ml de lait chaud. Laisser épaissir au bain-marie et maintenir au chaud jusqu'au moment de servir.

Accompagne classiquement le poisson blanc mais convient aussi aux asperges, haricots verts et épinards.

Sauce Béchamel

Mélanger à froid 1/4 litre de lait écrémé et 1 cuiller à soupe de maïzena puis ajouter un cube de bouillon de pot-au-feu dégraissé. Laisser cuire quelques minutes à feu doux pour épaissir. Ajouter selon les goûts du sel, du poivre ou de la noix muscade. Accommode parfaitement tous les gratins de légumes et tout particulièrement les endives au jambon.

Sauce au raifort

Mixer une demi-barquette de fromage blanc avec une cuiller à café de raifort râpé, du sel et du poivre jusqu'à ce que le mélange devienne très léger.

Accommode parfaitement les poissons cuits à la vapeur, en papilote ou au micro-ondes. S'utilise aussi avec les viandes blanches.

Sauce divine

Placer dans une casserole 2 jaunes d'œuf, 1 cuiller à soupe de moutarde, 150 g de fromage blanc maigre et 1 cuiller à café de maïzena, du sel et du poivre. Porter le tout lentement jusqu'à ébullition. Hors du feu, ajouter un petit bouquet d'herbes hachées et un jus de citron.

Accompagne terrines et poissons chauds. Se consomme habituellement chaude ou tiède.

Sauce tartare au fromage blanc

Ingrédients : 150 g de fromage blanc à 0 % de MG, 1 œuf dur, 4 filets d'anchois, 1 échalote, 1 cuiller à soupe de câpres, 1 cornichon, sel, poivre, persil haché.

Peler l'échalote et la hacher finement. Passer les anchois, les câpres, le cornichon et l'œuf dur au mixer. Mélanger tous les ingrédients. Vérifier l'assaisonnement.

LES VIANDES

Tout d'abord, des recettes de bœuf :

Rôti de bœuf

Prendre un morceau de faux-filet (ou de filet), le mettre dans un four préalablement chauffé. Ne saler le bœuf qu'en fin de cuisson pour éviter son dessèchement par fuite du jus. Faire cuire 1/4 d'heure par livre de rôti à four très chaud.

Reste de bœuf froid

À servir avec l'une des nombreuses sauces décrites plus haut.

Brochettes de filet de bœuf

Couper en gros morceaux 400 g de filet de bœuf et les enfiler sur des broches avec des rondelles d'oignon, du thym et du laurier. En période d'attaque aux seules protéines pures, il est possible d'intercaler des morceaux de tomate et de poivron, sans les consommer, pour le seul aspect décoratif et le goût transmis à la viande.

Steak tartare

Prendre 200 g de steak haché et incorporer un à un tous les éléments de la sauce tartare (cf. sauce tartare) en veillant à obtenir un mélange homogène.

Steak au poivre

Prendre un beau steak et le faire cuire dans une poêle antiadhésive. En fin de cuisson, le recouvrir de poivre grossièrement moulu. D'autre part, faire tiédir un demi-yaourt maigre, ajouter une cuiller à café d'huile de paraffine, poivrer et verser la moitié du mélange obtenu sur le steak très chaud. Laisser reposer à feu éteint en remuant le reste de la sauce et en la versant sur le steak.

Bœuf bouilli

Faire cuire un morceau de bœuf très maigre (une livre environ) dans un litre et demi d'eau avec thym et laurier et un oignon. Saler et poivrer.

Faire cuire 1 h 15 puis le servir tiède, coupé en dés avec une sauce ravigote et des cornichons.

Dès la fin de la phase d'attaque, lorsque les légumes réapparaissent en alternance, il est possible d'ajouter un poireau dans le bouillon. Servir le bœuf avec une sauce tomate.

Rôti de bœuf haché (10-12 tranches)

Ingrédients : 1,200 kg de bœuf haché, 2 œufs, sel, poivre, 1 oignon râpé et 3 petits-suisses à 0 % MG.

Battre les œufs, l'oignon haché, les petits-suisses, le sel et le poivre et mêler soigneusement le mélange à la viande hachée. Huiler, fariner un moule à cake en Pyrex et y déposer la moitié de la préparation.

Découper les œufs durs en tranches et les disposer en long à la suite les uns des autres. Recouvrir alors avec la seconde moitié.

Préchauffer le four à 180 °C. Faire cuire environ une heure.

À déguster froid ou chaud, accompagné d'une sauce au raifort, une sauce verte ou un coulis de tomates.

Puis quelques recettes à base de veau :

Blanquette de veau

Prendre une livre de veau choisie dans les morceaux maigres. Le découper en morceaux et mettre à cuire comme le bœuf bouilli.

D'autre part, faire chauffer une grande tasse de lait écrémé avec du thym. Saler, poivrer et verser le lait tiédi sur trois jaunes d'œuf crus en mélangeant bien. Saler, poivrer et verser cette sauce sur le veau. Chauffer sans faire bouillir.

Escalope de veau

Préparer dans une poêle antiadhésive un lit d'oignons arrosé d'un cube de bouillon dégraissé dissous dans un peu d'eau. Laisser cuire à feu doux jusqu'à début de caramélisation. Poser l'escalope sur de nid d'oignons et laisser cuire 10 minutes de chaque côté. En fin de cuisson, enlever les oignons et saisir à feu plus vif l'escalope dans ce qu'il reste de jus. Servir avec un zeste de citron.

Côte de veau poêlée

Préparation identique à la précédente mais en fin de cuisson, verser deux cuillerées à soupe d'eau sur l'escalope dans son lit d'oignons et laisser le tout bouillir en poêle pendant une minute supplémentaire. Servir la côte avec deux cornichons coupés en rondelles.

Pain de veau
(à préparer la veille)

Ingrédients : 500 g de jambon dégraissé découenné haché, 100 g de veau haché, 4 œufs battus en omelette, 1 cuiller de baies roses broyées au moulin à poivre, sel et poivre (5 baies).

Mêler les baies broyées, le sel et le poivre dans les œufs battus. Ajouter les viandes et bien mélanger.

Graisser au Sopalin imbibé d'une goutte d'huile un moule à cake et le fariner. Puis étaler la préparation.

Mettre au four à 160 °C pendant une heure à 1 h 15 à chaleur tournante et au bain-marie si four ordinaire.

Enfin, quelques recettes pour les amateurs d'abats :

Foie de veau poêlé au vinaigre de Xérès

Préparer un lit d'oignons sur une poêle antiadhésive et laisser cuire à feu doux jusqu'à début de caramélisation. Poser la tranche de foie de veau et laisser cuire 10 minutes de chaque côté. En fin de cuisson, enlever les oignons et saisir à feu plus vif l'escalope en aspergeant le jus restant d'un bon filet de vinaigre de vin.

Langue de bœuf sauce ravigote

Préparer en la dégraissant une langue de bœuf dans un litre et demi d'eau avec du thym, du laurier et un oignon. Saler et poivrer.

Faire cuire 1 h 15, puis la servir tiède, coupée en tranches avec une sauce ravigote et des cornichons.

Penser à ne consommer que la partie antérieure de la langue, sachant que cette dernière est d'autant plus maigre que l'on est près de la pointe.

Brochettes de cœur et rognons

Couper en morceaux 400 g d'un mélange à parts égales de rognons et de cœur de veau ou d'agneau, puis les enfiler sur des broches avec des rondelles d'oignons, du thym et du laurier. En période d'attaque aux seules protéines pures, il est possible d'intercaler des morceaux de tomate et de poivron, sans les consommer, pour leur seul aspect décoratif et le goût transmis aux abats.

LES VOLAILLES

Poulet à l'estragon

Frotter un poulet avec de l'ail et de l'estragon, puis hacher de l'estragon et en saupoudrer l'intérieur du poulet. Saler et poivrer. Mettre à cuire, soit à la broche, soit au four. Éviter de consommer la peau et l'extrémité des ailes.

Soufflé de poulet

Hacher des blancs de poulet au couteau et ajouter du sel, du poivre et des fines herbes.

Faire chauffer une petite tasse de lait écrémé et la verser sur deux jaunes d'œufs crus. Mélanger bien le tout au poulet haché, puis fouetter les deux blancs en neige et les incorporer à la farce sans trop battre (le soufflé montera mieux). Mettre alors au four à température moyenne une bonne demi-heure.

Terrine de volaille à l'estragon

Ingrédients : un poulet de 1,5 kg environ, 2 carottes, 2 tomates, 1 poireau, oignon, un brin d'estragon, 1 blanc d'œuf, 1 cuiller à café de baies roses, sel et poivre.

Rincer à l'eau le poulet puis le découper en morceaux. Peler les légumes (carottes, poireau, oignon, céleri, lavés et coupés). Placer ces légumes dans un faitout avec un litre d'eau. Porter à ébullition. Ajouter le poulet, saler, poivrer, écumer, puis laisser cuire une heure à petit bouillon.

Retirer le poulet, l'égoutter et détacher sa viande en l'éminçant finement. Épépiner les tomates et les couper en petits dés. Disposer les morceaux de poulet dans un moule à cake en y intercalant des dés de tomates et des feuilles d'estragon. Porter le bouillon à ébullition et le laisser réduire jusqu'à 25 cl environ.

Battre le blanc en neige à la fourchette et y verser le bouillon puis mettre à bouillir 1 mn. Laisser tiédir et passer à travers un linge. Verser alors le poulet et parsemer de baies roses. Répartir quelques dés de tomates et une dizaine de feuilles d'estragon.

Démouler la terrine sur plat et laisser le tout au réfrigérateur pour servir frais. Il est préférable de préparer la veille.

Petite potée de basse-cour
(8 personnes)

Ingrédients : 1 poulet de 1,5 kg, 400 g de veau, 1 lapin de 1 kg, 200 g de jambon dégraissé, des os de veau, du thym, du laurier, des baies roses, du sel, du poivre et du vinaigre de vin.

Découper le jambon, le poulet, le lapin et le veau en morceaux. Garnir une terrine en mélangeant les viandes. Saler légèrement, poivrer, ajouter le thym, le laurier et cinq baies. Recouvrir le tout d'un mélange de vinaigre et d'eau (2 volumes d'eau pour 1 volume de vinaigre). Ajouter les os de veau pour avoir une bonne gelée. Poser le couvercle et enfourner 3 heures au four à 200 °C. À déguster froid.

Lapin moutarde

Enduire de moutarde un râble de lapin, le saupoudrer de thym en poudre et l'envelopper dans une feuille d'aluminium. Mettre le lapin à cuire une heure à four chaud puis le sortir de sa feuille d'aluminium.

Mélanger une cuiller à soupe d'huile de paraffine dans un demi-yaourt maigre en le battant pour bien l'émulsionner, puis saler et poivrer. Verser alors cette sauce sur le lapin en la dissolvant bien à la moutarde séchée par la cuisson.

Servir avec des rondelles de cornichons après avoir fait réchauffer le tout au four quelques instants.

LES POISSONS

Sole nature cuite vapeur

Prendre une sole de taille moyenne préalablement dépecée par le poissonnier. La rincer et l'essuyer avec soin. Placer cette sole entre deux assiettes et poser l'ensemble sur une casserole aux trois quarts remplie d'eau maintenue en ébullition.

La sole est cuite à point en un quart d'heure. Ajouter du citron, du sel, du poivre et du persil haché.

Colin sauce blanche

Faire cuire un colin au court-bouillon. Servir avec une sauce blanche et du persil haché (cf. sauce blanche).

Colin en coquille

En préparation froide, prendre un reste de colin, ajouter de la mayonnaise et présenter le tout dans une coquille Saint-Jacques. Décorer avec des œufs durs coupés en quartiers.

En préparation chaude, accommoder le reste de colin précédent avec une sauce blanche agrémentée de persil, et faire chauffer le tout.

Pour un repas rapide, un reste de colin peut être servi encore plus simplement avec une simple sauce vinaigrette.

Daurade royale

Préparer une belle daurade parfaitement écaillée et un litre de moules bien grattées. Laver la daurade et la placer dans un plat allant au four avec un oignon coupé en rondelles.

D'autre part, mettre au feu les moules en les faisant sauter dans une casserole pour les ouvrir. Prendre le jus des moules, ajouter un peu de citron, passer le tout en passoire très fine et le verser sur la daurade. Poivrer le poisson et le mettre au four. Laisser cuire trois bons quarts d'heure. Ajouter alors les moules décortiquées, saler et réchauffer en arrosant régulièrement.

Daurade grillée

Choisir une petite daurade, l'écailler, la laver et l'essuyer parfaitement. La mettre soit sur le grill, soit au four après l'avoir garnie d'une petite farce de fines herbes, d'estragon et d'oignon haché et après l'avoir poivrée.

La daurade est cuite lorsque sa peau est bien dorée (environ 3/4 d'heure). Saler en fin de cuisson.

Saumon en papillote

Choisir une belle darne de saumon. La placer dans une feuille de papier aluminium. La saupoudrer d'aneth, l'arroser de citron, la saler et la poivrer. Ajouter pour le goût des rondelles d'oignons et un poireau découpé à retirer après cuisson. Fermer l'enveloppe métallisée et mettre au four chaud pas plus de 10 mn, voire moins selon les goûts pour lui conserver son moelleux et l'onctuosité du jus.

Saumon grillé à l'unilatérale

Choisir une belle darne avec sa peau. La mettre au four sur une plaque recouverte de papier aluminium à l'étage le plus élevé, immédiatement sous le grill, la peau tournée vers les résistances et préalablement recouverte de gros sel.

Laisser cuire jusqu'à ce que le sel se mouille du jus exprimé et que la peau brunisse et craquelle. À ce moment, la moitié inférieure de la darne au contact de la peau est cuite, de consistance ferme et de teinte orange saumonée, et l'autre face, non cuite et à peine chaude, reste rose et moelleuse. Sortir la darne, retirer le gros sel, la retourner pour la poser sur sa peau cramoisie et servir.

Pour une cuisson optimale, la pièce doit se présenter cuite à point, de couleur saumonée, chaude et suintante au contact de la peau et tiède et rose en surface.

Saumon cru mariné

Laisser mariner une belle tranche ou mieux encore, un demi-saumon cru, dans une marinade de citron, d'aneth, de fines herbes, de sel et de poivre vert pendant une nuit. Couper des tranches fines et servir décoré d'aneth.

Saumon cru à la japonaise

C'est la manière la plus pratique et rapide d'accommoder un poisson. Découper dans une escalope de saumon, dans le sens transversal, de la surface à la peau, des tranchettes mi-fines. Les disposer en rond dans une assiette. Arroser de sauce de soja en écartant bien les tranches pour la laisser s'infiltrer. Servir aussitôt.

Tartare de saumon

Prendre 150 à 200 g de saumon haché et incorporer un à un tous les éléments de la sauce tartare (cf. sauce tartare) en veillant à obtenir un mélange homogène.

Pâté de lotte
(à préparer l'avant-veille)

Ingrédients : 1 kg de lotte bien dépouillée, 8 œufs, 1 cuiller à café de sel fin, poivre, 1 boîte de concentré de tomate (140 g), 1 sachet de court-bouillon en poudre, 2 litres d'eau et 1 verre de vinaigre de vin.

• L'avant-veille : faire bouillir l'eau avec le court-bouillon et, au moment d'y mettre le poisson, verser le vinaigre. Après cuisson, laisser refroidir un peu et retirer l'arête centrale. Prélever de chaque côté les filets, le reste de l'animal sera émietté en morceaux moyens. Faire égoutter toute la nuit au frais.

• La veille, battre les œufs au mixer, saler et poivrer. Ajouter la boîte de concentré de tomates. Mixer. Dans un saladier, mêler les morceaux de lotte (sauf les deux filets). Huiler, fariner, disposer la moitié de la préparation dans un moule à cake en Pyrex de 26 cm de long. Rajouter les deux filets et recouvrir de la seconde moitié. Préchauffer le four à 160 °C (moyen). Cuire 3/4 d'heure à 1 heure à 180 °C (au bain-marie si four ordinaire). Laisser refroidir et mettre au réfrigérateur toute la nuit.

Moules marinières

Les moules doivent être très fraîches, lourdes et de taille moyenne, parfaitement grattées et lavées dans plusieurs eaux.

Ainsi préparées, les placer dans une casserole avec un verre d'eau et deux cuillers de vinaigre, oignon en tranches, persil haché, thym et laurier, un peu d'ail et du poivre.

Poser la casserole sur un feu vif en faisant sauter les moules pour les ouvrir. Dès leur ouverture, les moules peuvent être considérées comme cuites. Les mettre alors dans un plat avec leur jus. Ne saler le jus des moules qu'après cuisson.

Ramequins de moules

Ingrédients : 3 œufs, 2 litres de moules, vin blanc sec pour cuisson, persil, sel, poivre et 1 cuiller à soupe de fromage blanc maigre.

Faire ouvrir les moules en casserole à feu vif avec du vin blanc. Quand elles sont cuites, égouttées et tièdes, les mêler à une cuiller à soupe de fromage blanc avec du persil, du sel et du poivre. Mettre alors en ramequins au four à température douce.

Crabe farci

Choisir un crabe vivant, de belle taille et bien lourd. Le plonger dans un court-bouillon en pleine ébullition et laisser cuire une vingtaine de minutes selon la grosseur. L'ouvrir et prélever ce qui est comestible.

Monter une mayonnaise (cf. sauces) et la mêler au crabe décortiqué. Servir dans des coquilles Saint-Jacques et décorer avec des rondelles d'œuf dur. Pour la présentation, il est possible d'ajouter des rondelles de tomates et une feuille de salade qui pourront être consommées dès l'introduction des légumes en Protal II.

Pain de crabe
(à préparer la veille)

Ingrédients : 2 boîtes de crabe (165 g net égoutté), 4 œufs, 5 baies roses, 2 cuillers à soupe de lait écrémé et 300 g de fromage blanc maigre.

Laisser égoutter les 2 boîtes de crabe, retirer les petits cartilages, éponger si nécessaire dans un linge. Mixer les œufs avec le fromage blanc, le lait et du poivre et y mêler le crabe en mélangeant bien. Huiler au papier Sopalin et fariner un moule en Pyrex et y verser la préparation. Préchauffer le four à 160 °C et laisser cuire 1 h à 1 h 30 au four à chaleur tournante. Sinon, placer le moule au bain-marie.

Coquilles Saint-Jacques en gratin

Ingrédients : 4 coquilles Saint-Jacques, 1/2 litre de moules et 100 g de crevettes.

Mettre les coquilles Saint-Jacques sur un feu vif pour les faire ouvrir puis les détacher de leur coquille. Enlever le noir et le collier, il ne reste alors que le blanc et le corail. Les laver pour éliminer toute trace de sable et les laisser cuire 1/4 d'heure dans une casserole dans un litre d'eau chaude additionnée de 3 cuillers à soupe de vinaigre.

Entre-temps, mettre les moules à cuire à feu vif jusqu'à pleine ouverture, préparer deux œufs durs, hacher l'échalote et le persil, écraser grossièrement les œufs, mélanger le tout en ajoutant les moules décortiquées et les crevettes.

Couper la chair des coquilles en gros carrés à ajouter à cette pâte. Mouiller avec le jus des moules pour obtenir un mélange onctueux. Saler et poivrer et remettre le tout dans les coquilles après les avoir bien lavées. Passer les coquilles ainsi remplies

20 minutes au four en mettant le corail sur le dessus pour décorer.

Langoustines mayonnaise

Laver soigneusement une livre de langoustines. Les plonger dans un court-bouillon comme les crabes. Les laisser refroidir dans leur jus de cuisson. Servir avec une mayonnaise (cf. sauces).

Plateau de fruits de mer

Les huîtres se dégustent avec un peu de citron ou de vinaigre à l'échalote.

Composer un joli plateau en y associant des moules, des palourdes, des crevettes servies sur un lit de glace pilée et de varech.

LES ŒUFS

Les œufs sont d'un grand secours pendant la phase d'attaque, il est donc recommandé d'en avoir toujours quelques-uns cuits durs au réfrigérateur.

Œufs à la coque ou mollets

Il faut trois minutes pour obtenir un œuf à la coque ; à quatre minutes, c'est un œuf mollet.

Œufs brouillés

Mettre un peu de lait dans une petite casserole. Prendre trois œufs et les battre comme pour une omelette. Saler, poivrer et verser les œufs dans le lait en battant sans cesse pendant la cuisson. Les œufs brouillés ne doivent pas être trop cuits, mais moelleux. Les puristes, pour l'amour de l'onctuosité, préparent leurs œufs brouillés au bain-marie.

On peut améliorer ces œufs en leur ajoutant quelques crevettes roses en tranches ou des copeaux de foie de volaille et, dès l'introduction des légumes en Protal II, des pointes d'asperges. Les jours de fête, ces modestes œufs mériteront la truffe émiettée ou la cuiller à soupe de caviar.

Œufs farcis aux crevettes

Ils peuvent fournir une agréable entrée à ce régime qui en est peu pourvu.

Faire durcir les œufs et les laisser refroidir. Couper chaque œuf en deux moitiés égales, prélever les jaunes et les écraser en y incorporant quelques crevettes finement hachées. Ajouter alors un peu de mayonnaise de régime et garnir avec le reste de crevettes.

Flan aux œufs

Ingrédients : 5 œufs, 375 ml de lait chaud à 0 % MG, une gousse de vanille fraîche (bien souple), 10 ml de vanille liquide, de la muscade en poudre et une noix muscade à râper.

Battre les œufs dans un grand saladier. Faire chauffer, sans bouillir, le lait avec la gousse de vanille coupée en deux, après en avoir gratté l'intérieur. Retirer la gousse et verser doucement le lait chaud sur les œufs, et ajouter les 10 ml de vanille liquide et les 2 cuillers à café de muscade en poudre. Disposer le tout dans un moule à flan ou dans des ramequins individuels. Râper à la moulinette à fromage la noix muscade au-dessus des préparations.

Mettre au four (160 °C) au bain-marie. Avec un four à chaleur tournante, le bain-marie n'est pas nécessaire. Le temps de cuisson est à vérifier en fonction du four utilisé.

Île flottante

Casser 4 œufs en séparant les blancs des jaunes, puis, dans un saladier, battez les blancs en neige assez ferme.

Faire bouillir 1/2 litre de lait écrémé avec une petite gousse de vanille. Prendre alors à la louche une partie des blancs pour en faire des boules de neige et les laisser tomber dans le lait encore chaud. Lorsque ces boules sont bien gonflées, les retourner, puis les prendre avec une écumoire et les laisser égoutter sur un plat.

Battre les jaunes et y verser le lait restant en battant bien, puis remettre sur feu doux sans cesser de tourner. Lorsque la crème commence à prendre de la consistance, la retirer vivement du feu pour éviter qu'elle ne tourne et la sucrer avec de l'aspartam en poudre. Poser alors délicatement ces îles de neige qui flotteront sur la crème et servir frais.

Lait de poule

Mettre dans un bol un jaune d'œuf à délayer avec un peu d'aspartam et une petite cuiller d'eau de fleur d'oranger. Battre jusqu'à parfaite homogénéité. Ajouter alors un grand verre de lait écrémé pour éclaircir le mélange en ayant soin de remuer lentement pour éviter que le jaune ne tourne.

Aspic d'œuf au jambon ou œuf en gelée

Préparer quelques œufs mollets (4 minutes à bouillir) et autant de demi-tranches de jambon maigre.

Mettre à tremper de la gélatine en feuille du commerce dans de l'eau froide 1 à 2 mn et l'essorer en la serrant dans la main, puis la mettre à chauffer pour la liquéfier et l'aromatiser en la salant et la poivrant et en lui ajoutant UNE goutte de cognac.

Enrouler l'œuf mollet encore chaud dans une demi-tranche de jambon et l'incorporer dans un moule d'aspic en y versant la gélatine liquide et laisser refroidir.

Recettes pour le régime de croisière : protéines + légumes

Chou-fleur

Prendre un chou-fleur bien blanc et le découper en gros bouquets. Les laver soigneusement et les laisser à cuire dans une grande marmite d'eau salée. Préparer une sauce blanche (cf. sauces) et la verser sur le chou parfaitement égoutté. Servir avec des œufs durs coupés en deux.

Soufflé de chou-fleur

Cuire le chou comme précédemment et bien l'égoutter. Préparer une sauce blanche (cf. sauce blanche mais en lui ajoutant deux jaunes d'œufs supplémentaires).

D'autre part, battre en neige les deux blancs d'œufs restants et les incorporer lentement à la sauce blanche. Introduire le chou en morceaux dans un moule à soufflé et mettre le tout au four 20 mn.

Fricassée de champignons

Préparer, dans une poêle antiadhésive, un lit d'oignons à laisser blondir avec un cube de bouillon de volaille dissous dans un peu d'eau jusqu'à demicaramélisation. Puis jeter des champignons de Paris coupés en rondelles épaisses et les laisser réduire lentement sans couvercle pour rendre leur chair moelleuse. Ajouter de l'ail, du persil, du sel et du poivre et servir chaud en accompagnement de viandes ou de volaille.

Champignons farcis

Choisir de gros champignons. Les laver et les équeuter. Hacher les queues avec de l'ail et du persil, saler, poivrer et ajouter quelques cuillers à café de lait écrémé. Cuire cette farce à four très chaud ou dans une poêle antiadhésive.

Remplir la face creuse des champignons de la farce précuite et laisser cuire le tout à four très chaud. Après cuisson, ajouter quelques gouttes d'huile de paraffine sur chaque champignon.

Épinards sauce blanche

Laver soigneusement les feuilles d'épinard et les mettre à cuire dans un grand récipient d'eau bouillante et salée pendant 10 à 15 mn. Les égoutter soigneusement en les écrasant à l'écumoire. Ajouter une sauce blanche (cf. sauce blanche) et mettre au four. Servir avec des œufs durs coupés en deux ou en accompagnement des viandes ou des volailles.

Fenouil

Le fenouil est un légume original par sa saveur anisée et de grande valeur nutritionnelle car riche en antioxydant de grande protection. Il peut se préparer en salade, coupé cru en tranches transversales qui se dispersent dans le saladier et se mélangent parfaitement avec une vinaigrette de régime.

Il peut aussi se préparer bouilli très longuement pour briser la résistance de ses fibres dures. Il gagne alors à être largement assaisonné avec un jus de citron, parfumé au persil pour être servi à température ambiante ou même tiède.

Haricots verts

Palme de l'aliment minceur, le haricot vert est l'un des aliments les moins caloriques de la planète et riche en pectine qui participe activement à la genèse du rassasiement. Cependant, il est souvent négligé par les candidats au régime car le mode de cuisson vapeur habituellement préconisé, sa couleur terne et sa fadeur naturelle génèrent peu de sensations.

En salade, ne pas oublier, en plus des vinaigrettes proposées, d'ajouter de l'oignon haché et du persil, et de le mêler à d'autres légumes plus colorés tels les tomates ou le poivron cru.

En accompagnement d'une viande ou d'une volaille, il est possible de le présenter arrosé d'une sauce blanche ou servi avec une escalope en sauce.

Tomates façon mozzarella basilic

Prendre un pot de faisselle à 0 % MG. Le sortir du pot avec son égouttoir et le laisser égoutter à température ambiante pendant une demi-journée pour obtenir une rétraction et solidification du caillé. Lorsqu'il est ferme, il a une consistance voisine de la mozzarella italienne ou de la feta grecque.

Préparer une pleine assiettée de tomates coupées en rondelles bien disposées. Couper des tranchettes épaisses de faisselle bien ferme et compacte et les déposer sur les rondelles de tomate. Couronner le tout d'une feuille de basilic, saler, poivrer et assaisonner à la vinaigrette.

Endives en salade

Les endives présentent un grand intérêt pour les femmes au régime qui n'ont guère le temps de cuisiner à midi et qui peuvent utiliser ce légume si peu calorique, si propre, et si facile à transporter. De plus, l'endive possède une saveur légèrement amère et une consistance fraîche et croquante très appréciées.

C'est pourquoi, devant un tel faisceau d'avantages, il est possible de préparer, à son seul usage, une sauce qui déroge ponctuellement à notre principe et accepte un corps étranger éminemment dangereux pour le régime : le roquefort.

Cette sauce se compose en mélangeant le contenu d'une barquette de fromage blanc maigre avec une noisette de roquefort choisie dans la partie la plus foncée et la plus forte de son vert-de-gris et une cuiller de vinaigre de vin. Pour vous rassurer, il faut savoir qu'une telle noisette ne contient pas plus de graisse qu'une olive noire. « Paris vaut bien une messe », disait Henri IV, et une belle salade d'endives au roquefort dans sa neige turquoise, si utile au curiste, vaut bien son olive noire.

Concombres chauds et froids

En préparation chaude : éplucher, laver et couper des concombres. Les faire cuire 10 minutes à l'eau bouillante additionnée d'un demi-verre de vinaigre et d'un peu de sel. Les égoutter dans une passoire et les servir avec une sauce blanche.

En salade : faire dégorger les concombres après les avoir coupés en rondelles et les égoutter pendant une heure. Les servir alors en vinaigrette avec quelques rondelles d'oignons.

Endives braisées

Laver et mettre à cuire les endives à la vapeur. Préparer un fond de sauce avec un cube de pot-au-feu dégraissé dissous dans un peu d'eau. Dans une poêle antiadhésive, faire blondir quelques rondelles d'oignons dans ce fond de sauce et y faire revenir les endives parfaitement essuyées. Servir tiède avec le jus. Convient parfaitement à la viande blanche de veau ou de dinde.

Endives gratinées

Laver et mettre à cuire à la vapeur des endives. Les saler et les égoutter puis les mettre dans un plat allant au four avec une sauce blanche (cf. sauce blanche). Battre un œuf et en recouvrir les endives alignées. Mettre au four et faire dorer.

Asperges sauce mousseline

Préparer de belles asperges achetées fermes. Les gratter en prenant soin d'enlever tous les fils. Les laisser à cuire 20 à 25 mn.

Préparer une sauce mayonnaise de régime. Battre en neige un blanc d'œuf et l'introduire en battant dans la mayonnaise. Après obtention d'un mélange homogène, ajouter un filet de vinaigre de framboise qui liquéfie la sauce. Servir les asperges tièdes recouvertes de mousseline.

Soupe miraculeuse

Il s'agit d'une soupe qui dépasse le cadre de la recette conseillée et s'appuie sur les récents travaux de chercheurs ayant prouvé l'action amaigrissante à long terme de la soupe à morceaux. Pour plus de détails sur ces travaux et le mode d'action très particulier de ce type de soupe sur le contrôle du poids, je renvoie mon lecteur à la lecture de mon *Dictionnaire de diététique et de nutrition.*

Que contient cette soupe? Elle se prépare avec les ingrédients suivants : 4 quartiers d'ail, 6 gros oignons, 1 ou 2 boîtes de tomates pelées, une grosse tête de chou, 6 carottes, 2 poivrons verts, 1 céleri, 3 litres d'eau, 3 cubes de bouillons de bœuf dégraissé et 3 cubes de bouillon de poule dégraissé.

Éplucher puis couper ces légumes en petits ou moyens morceaux. Les déposer dans une cocotte et les recouvrir d'eau. Laisser bouillir pendant 10 mn puis réduire la chaleur et continuer la cuisson jusqu'à ce que les légumes soient tendres.

Cette soupe est extrêmement rassasiante et la présence des morceaux non mixés baignant dans le bouillon explique les raisons de son efficacité amaigrissante. Cette cohabitation au sein d'un même aliment d'éléments solides et liquides impose une inégale vitesse de traversée du tube digestif.

Les morceaux solides, retenus dans l'estomac jusqu'à totale désintégration, finissent par le distendre et générer un rassasiement de type mécanique. Le bouillon, liquide, traverse beaucoup plus vite l'estomac et se retrouve dans l'intestin grêle où ses éléments nutritifs stimulent les récepteurs de paroi et génèrent une satiété chimique. Rassasiement mécanique par distension de l'estomac et satiété métabolique de l'intestin grêle conjuguent leurs effets pour réduire vite, notablement et durablement la faim.

Cette soupe est particulièrement conseillée à ceux, si nombreux, qui rentrent chez eux en fin d'après-midi, affamés par un déjeuner insuffisant ou sauté et ne peuvent s'empêcher de grignoter des « aliments canailles », aussi gratifiants que riches et nuisibles à leur régime. Un bol, servi chaud, de cette soupe met fin à bien des tourments et permet d'attendre sagement le dîner.

Soupe au potiron

Prendre un quart de potiron, retirer sa peau et le découper en gros morceaux.

Mettre ces morceaux dans une Cocotte-Minute, le recouvrir d'eau et ajouter un cube de bouillon de pot-au-feu dégraissé. Laisser cuire 20 à 30 mn. En fin de cuisson, saler, poivrer et incorporer 100 g de fromage blanc maigre. Mixer alors superficiellement pour le plaisir de sentir fondre en bouche les derniers reliquats solides du potiron.

Soupe onctueuse aux courgettes

Éplucher, laver et découper en gros morceaux quatre belles courgettes, un gros oignon, une carotte et un navet. Mettre ces morceaux dans une Cocotte-Minute avec un cube de bouillon de pot-au-feu dégraissé et les recouvrir d'eau. Laisser cuire le tout 20 à 30 mn et passer au mixer en insistant pour obtenir un mélange homogène, moelleux et onctueux. Consommer bien chaud.

Salade des rois de la mer
(saumon fumé, crevettes roses, crabe, surimi, poulpe, haddock, œufs de saumon et de lump)

Préparer une belle laitue coupée en morceaux et ajouter successivement des lambeaux de saumon fumé, une poignée de crevettes roses décortiquées, des miettes de crabe, deux bâtonnets de surimi émietté, des morceaux de poulpe et des lambeaux de haddock fumé. Saler, poivrer, assaisonner avec une vinaigrette maigre et décorer avec un mélange d'œufs roses de saumon et noirs de lump.

Salade composée

Préparer une belle laitue coupée en morceaux mêlés à deux belles tomates coupées en morceaux et ajouter successivement un œuf dur coupé en quatre, un blanc de poulet émincé, une tranche de jambon dégraissé découenné haché. Arroser le tout d'une vinaigrette de régime.

RECETTES DE LÉGUMES + VIANDES

Veau aux endives

Dans un fond de cocotte, préparer un lit d'oignons mêlé à un cube de bouillon de volaille dissous dans un peu d'eau et laisser blondir à feu doux. Poser sur ce lit juteux une escalope, une côte ou tout autre morceau de veau maigre et le laisser dorer. Ajouter des endives préalablement blanchies à feu vif. Saler et poivrer et laisser cuire à feu doux pendant une bonne heure. Servir chaud et laisser le reste au réfrigérateur pour être consommé ultérieurement froid à la moutarde ou réchauffé.

Poulet aux champignons

Procéder comme décrit précédemment pour le veau avec des morceaux de poulet et un foie de volaille. Après cuisson, écraser le foie à la fourchette dans ce qu'il reste du jus de cuisson.

Escalope de veau aux champignons

Dans une poêle antiadhésive, préparer un lit d'oignons mêlé à un cube de bouillon de volaille dissous dans un peu d'eau et laisser blondir à feu doux. Poser sur ce lit juteux qui tapisse la poêle un morceau de veau maigre et le laisser dorer. Laisser dorer le tout pendant 1/4 d'heure à poêle couverte. Lorsque les champignons ont lâché tout leur jus, réduire l'excès de sauce en laissant bouillir à gros feu quelques instants à découvert.

Lapin aux oignons et tomates

Préparer dans un fond de cocotte un lit d'oignons mêlé à un cube de bouillon de volaille dissous dans un peu d'eau et laisser blondir à feu doux. Prendre quelques morceaux de lapin et les poser dans ce jus. Ajouter des tomates coupées en quatre, une pointe d'ail, saler, poivrer et laisser cuire dans le jus des oignons mêlé à celui des tomates. Servir en ajoutant du persil haché.

Chou farci

Faire blanchir quelques instants en eau bouillante un gros chou, l'égoutter. Enlever ses grosses côtes et creuser dans le corps du chou une cavité qui viendra plus tard recevoir la farce.

Préparer une farce avec 300 g de bœuf haché, oignons, persil, saler et poivrer. Faire revenir la farce dans une poêle antiadhésive en ajoutant deux à trois cuillerées de coulis de tomate. Incorporer cette farce à l'intérieur du chou et fermer le chou en le recouvrant bien de ses plus grandes feuilles. Maintenir le tout bien attaché à la ficelle de cuisine. Mettre le chou ainsi ficelé à braiser en fond de cocotte en le faisant tourner en tous sens, puis le laisser cuire à feu doux en cuisson couverte.

Poulet Marengo

Dans une poêle antiadhésive, préparer un lit d'oignons mêlé à un cube de bouillon de volaille dissous dans un peu d'eau et laisser blondir à feu doux. Ajouter quelques tomates coupées en morceaux, du thym, du poivre et du sel.

Poser les morceaux découpés de poulet sur ce tapis moelleux et parfumé, puis couvrir et laisser cuire avec un demi-verre d'eau. Une demi-heure avant la fin de la cuisson, ajouter des champignons bien lavés et coupés en morceaux. Réduire l'excès de sauce en laissant bouillir à gros feu quelques instants à découvert.

Endives au jambon

Laver et mettre à cuire les endives à la vapeur. Après cuisson, envelopper chaque endive dans une tranche de jambon dégraissé découenné.

Préparer une sauce Béchamel de régime (cf. sauce Béchamel) avec du lait écrémé, maïzena, cube de bouillon de pot-au-feu, etc. Disposer les endives en rangs serrés dans un plat à gratin en Pyrex. Napper ce nid d'endives de sauce Béchamel en la faisant glisser dans les interstices. Et mettre au four chaud pour dorer et gratiner.

Une semaine de menus pour phase d'attaque aux protéines pures

Petit déjeuner

Pour toute la semaine

Café ou thé avec aspartame

+ au choix : 1 ou 2 yaourts maigres ou 200 g de fromage blanc

+ au choix : 1 tranche de dinde, de poulet ou de jambon dégraissé ou un œuf coque ou 1 flan ou 1 galette de son d'avoine

À 10-11 h en cas de besoin

1 yaourt ou 100 g de fromage blanc

À 16 h si nécessaire

1 yaourt ou 1 tranche de dinde ou les deux

Déjeuner	Dîner
Lundi	
Œufs durs mayonnaise	Poignée de crevettes rose mayonnaise
Steak tartare	Soufflé de poulet
2 yaourts ou 200 g de fromage blanc	1 flan ou 1 yaourt

Mardi

Salade de bœuf
  vinaigrette
Saumon cru à la
  japonaise

2 yaourts ou 200 g
  de fromage blanc
Crabe farci
Blanquette de veau
1 flan ou 1 yaourt

Mercredi

Une assiette de surimi
Cuisse de poulet
1 flan ou 1 galette
  de son d'avoine

Foies de volaille sautés
Lapin moutarde
Île flottante ou 200 g
  de fromage blanc

Jeudi

1 tranche de saumon fumé
Côte de veau poêlé
Crème café ou 200 g
  de fromage blanc

Saumon mariné
Moules marinières
1 flan ou 1 yaourt

Vendredi

4 tranches de viande des
  Grisons
Demi-coquelet rôti
2 yaourts ou 200 g de
  fromage blanc

Aspic d'œuf et jambon
  en gelée
Tourteau mayonnaise
Île flottante ou 2 yaourts

Samedi

Œufs farcis aux crevettes
Tranche d'espadon poêlée
1 flan ou 1 galette de
  son d'avoine

Saumon mariné
Langue de bœuf ravigote
Crème café ou 200 g de
  fromage blanc

Dimanche

Crabe farci
Blanquette de veau
Île flottante

Salade de bœuf vinaigrette
Saumon grillé à l'unilatéral
Crème café ou 1 flan

Une semaine de menus de protéines : alternatives aux protéines pures + légumes

Déjeuner	**Dîner**

Lundi

Œufs farcis aux crevettes	Saumon mariné
Tranche d'espadon poêlée	Langue de bœuf ravigote
1 flan ou 1 galette de son d'avoine	Crème café ou 200 g fromage blanc

Mardi

Salade d'endives crevettes surimi	1 tranche de saumon fumé
Foie de veau poêlé épinards	Tomates farcies
2 yaourts ou 200 g de fromage blanc	1 flan ou 1 yaourt

Mercredi

Aspic d'œuf et jambon en gelée	Tomates faisselle basilic
Salade aux foies de volaille	Dorade royale purée de carottes
1 flan ou 1 galette de son d'avoine	Île flottante ou 200 g de fromage blanc

Jeudi

Salade composée thon au naturel	Soupe courgettes carottes
Œufs brouillés aux crevettes	Poulet estragon champignons sautés
Crème café ou 200 g fromage blanc	1 yaourt ou 1 flan

Vendredi

4 tranches de viande
  des Grisons
Endives au jambon
  béchamel
2 yaourts ou 200 g
  de fromage blanc

Salade épinards
  champignons
Saumon épinards
Île flottante ou 2 yaourts

Samedi

Tranche de terrine de
  volaille
Salade des rois de la mer
1 flan ou 1 galette
  de son d'avoine

Crabe farci
Espadon poêlé fenouil
  vapeur
Crème café ou 200 g
  fromage blanc

Dimanche

Salade de bœuf vinaigrette
Chou farci
Île flottante

Tomates faisselle basilic
Pâté de lotte
Crème café ou 1 flan

Pour toute la semaine, petits déjeuners, en-cas de 10-11 h ou de 16 h, identiques à ceux de la semaine précédente.

LA GRANDE OBÉSITÉ

Le plan Protal s'adresse à tous ceux dont la vie est perturbée par un excès de poids rebelle, population disparate regroupant des cas fort différents mais pouvant schématiquement être classés en trois grandes catégories de surcharges d'inégale importance.

De la simple surcharge à la grande obésité

Les obésités accidentelles

Il s'agit de personnes indemnes de toute prédisposition à l'obésité dont le poids a toujours été normal et stable et qui, pour une raison précise et parfaitement identifiable, se sont mis à grossir. La plupart de ces surcharges accidentelles sont liées à une réduction brusque de l'activité physique.

C'est le cas de la femme qui sort d'une grossesse, habituellement la première, au cours de laquelle l'euphorie bien naturelle du moment conjuguée à la réduction d'activité ont induit une prise de poids inhabituelle. C'est davantage encore le cas des grossesses difficiles ayant nécessité un alitement prolongé ou pire encore, des grossesses hormonalement assistées (FIV et traitement de stérilité).

Mais c'est aussi le cas des accidentés qui sont immobilisés et mangent de surcroît par ennui.

On peut aussi trouver dans cette catégorie les rhumatisants ou les asthmatiques traités à la cortisone dont les effets sur le poids sont bien connus.

Les obésités de prédisposition

Il s'agit ici d'hommes et de femmes doués d'une propension particulière au stockage et à la prise de poids. Que ce soit une « marque de naissance » ou une tendance acquise par mauvaise alimentation au cours de la petite enfance, le résultat est le même : ces hommes ou ces femmes sont doués pour grossir et tireront toujours un profit excessif de leur alimentation. Mais cette tendance varie beaucoup avec les individus.

Le plus souvent, dans 90 % des cas, la prédisposition est modérée et le profit alimentaire, bien qu'excessif, reste contrôlable.

Dans cette catégorie, certains individus, suffisamment volontaires et motivés, parviennent tant bien que mal, grâce à une vie active et à une alimentation bien choisie, à freiner ou même à maîtriser leur prise de poids. À ceux-là, Protal apportera une vraie sécurité, les débarrassant à jamais de leur légitime appréhension. Mais aussi et surtout, Protal les aidera à traverser les inévitables périodes critiques de l'existence où leur simple bonne volonté ne suffirait plus.

D'autres, affligés d'une prédisposition d'intensité comparable, mais menant une vie sédentaire ou incapables du moindre contrôle alimentaire, ne résistent pas à la lente mais régulière progression de leur poids.

Protal trouve chez eux sa meilleure indication. Leur profit alimentaire est élevé, mais la combinaison du jeudi protéiné et de la consommation régulière de son d'avoine neutralise parfaitement ce handicap, et leur manque de volonté ou leur absence d'organisation nutritionnelle trouvent, dans cette journée semi-héroïque, l'occasion rêvée de s'administrer à moindre frais une sorte de rédemption hebdomadaire.

La grande obésité

Il s'agit là de la prédisposition majeure de type familial entraînant des prises de poids massives qui déforment le corps, obésité fréquente aux États-Unis mais relativement rare en Europe et davantage encore en France.

Chez ces obèses, le profit alimentaire atteint des sommets qui stupéfient leur entourage, médecins compris.

Tous les nutritionnistes ont dans leur clientèle quelques-uns de ces cas extrêmes qui semblent se nourrir de l'air du temps et semblent défier les lois les plus élémentaires de la physique.

J'ai connu des patients qui se pesaient le soir au coucher et qui, au réveil et avant même d'uriner, trouvaient le moyen d'avoir pris quelques centaines de grammes. Ces cas existent et désarçonnent les médecins qui s'en chargent, mais fort heureusement, ils sont rares.

Le plus souvent, les très fortes prédispositions occasionnent de franches obésités. C'est dans cette catégorie d'obèses constitutionnels que l'on rencontre ceux qui ont déjà essayé la plupart des régimes, qui ont presque toujours maigri, mais à chaque fois repris le poids perdu.

Pour eux, la phase finale de Protal est une bonne base de stabilisation mais elle risque pour les cas les plus difficiles de se révéler insuffisante.

C'est la raison pour laquelle, dans ce chapitre qui leur est consacré, je leur proposerai un chapelet de mesures complémentaires destinées à renforcer leur stabilisation.

Mais, fidèle à mon parti pris de départ, je ne puiserai pas ces mesures dans le registre des restrictions alimentaires. Ce que j'ai annoncé au début de ce livre reste valable, même pour les plus doués des extracteurs de calories, l'alimentation de stabilisation après un régime réussi doit rester normale six jours sur sept.

Les trois mesures qui vont suivre sont bien sûr destinées à ceux dont la tendance à l'obésité est extrême et qui présentent une obésité massive, rebelle et déformante. Mais qui, pouvant le plus, peut aussi le moins, ces trois mesures auront toutes chances d'intéresser et d'aider aussi les autres.

Mesures de renforcement exceptionnelles

Première mesure exceptionnelle : utilisation du froid dans le contrôle du poids

Cette technique est inspirée des travaux du docteur Tomas sur les effets de la thermogenèse ou utilisation de la combustion des calories pour assurer le chauffage de l'organisme.

Principes théoriques

Jusqu'à présent, je vous ai décrit le prédisposé à l'obésité comme un être tirant malgré lui un profit excessif du moindre aliment. Le plan de stabilisation de Protal s'appuyait sur deux mesures simples qui traitaient le mal à la racine, c'està-dire au moment et sur les lieux mêmes de l'extraction des calories : au cœur de l'intestin grêle.

Nous allons à présent approcher le problème de la surcharge pondérale par son autre versant énergétique et voir comment, non plus freiner l'entrée des calories, mais trouver des moyens d'augmenter leur dépense et donc leur sortie.

Imaginons le cas d'un homme de 70 kg, de 1,70 m, ayant une profession semi-active. Cet homme, dans des conditions de vie ordinaire, consomme et dépense chaque jour en moyenne 2 400 calories.

Cherchons à en savoir plus, et tentons d'apprendre comment et dans quels secteurs il consomme ces calories.

- 300 calories assurent chaque jour le fonctionnement obligatoire des organes et des fonctions vitales (travail de la pompe cardiaque, du cerveau, foie, reins, etc.). Ces dépenses sont très faibles et prouvent l'étroite adaptation de nos organes à la survie. Ce n'est donc pas dans ce secteur que l'on pourra obliger l'organisme à dépenser davantage.

- 700 calories servent à assurer notre vie de relation, c'est-à-dire l'activité motrice et l'exercice physique. Il s'agit là bien sûr de dépenses faciles à amplifier, et nous verrons qu'il est possible, en théorie, grâce à l'exercice physique, d'activer ces combustions caloriques. Mais, en pratique, nous verrons qu'il est bien difficile de faire bouger un obèse, et uto-pique d'espérer lui modeler un profil de sportif.

- 1 400 calories, c'est-à-dire bien plus de la moitié des dépenses globales, servent à maintenir la température centrale du corps aux alentours de 37 °C, température indispensable à sa survie. Et c'est dans ce secteur que nous avons la possibilité et donc l'intention d'augmenter les dépenses.

Pour cela, il suffit tout simplement d'accepter l'idée que le froid peut devenir l'ami et l'allié de l'obèse.

Depuis les derniers combats de la guerre du feu, l'homme a définitivement vaincu le froid en déchargeant son corps de cette tâche au profit d'une infinité de protections extérieures (chaleur, vêtements) dont il lui arrive trop souvent aujour-d'hui d'abuser. Cette totale inadaptation corporelle au froid l'oblige, lorsqu'il y est contraint, à une gestion extrêmement coûteuse du maintien vital de sa température interne. C'est cette mauvaise adaptation au froid et ce gaspillage énergétique qu'il est possible d'exploiter pour faciliter la stabilisation des grands obèses. L'observation prouve que l'occidental moyen se protège trop du froid, et l'obèse, entouré de sa graisse isolante, encore bien plus que tout autre.

La technique que je propose ici au grand obèse vise à réduire sa facilité à stocker des calories en augmentant ses dépenses de chauffage.

Il s'agit d'une série de mesures simples, non contraignantes et non alimentaires, mais terriblement efficaces, destinées à lui apprendre à se servir du froid pour mieux assurer sa stabilisation.

Manger froid aussi souvent que possible

Lorsque vous mettez en bouche un aliment très chaud, vous absorbez ses calories, mais vous absorbez aussi sans le savoir la chaleur qu'il renferme et cette chaleur est un supplément de calories qui participe au maintien de la température du corps autour des 37 °C indispensables. *Un steak chaud est donc plus riche en calories qu'un steak froid.* Car, dès son absorption et pour un court instant, l'organisme arrêtera de brûler ses propres calories pour se servir de la chaleur physique contenue dans cet aliment.

En revanche, lorsque vous absorbez un aliment froid, l'organisme ne peut l'utiliser et le laisser passer dans le sang sans l'avoir préalablement amené à la température intérieure du corps. Cette opération est non seulement coûteuse en calories mais a l'avantage de ralentir la digestion et l'assimilation et donc la survenue trop rapide de la faim.

Évidemment, il n'est pas conseillé ici de manger froid systématiquement, mais à chaque occasion où cela sera possible de choisir entre un plat froid et un plat chaud, d'opter pour le froid.

Boire froid

Manger froid n'est pas toujours facile ni plaisant. Mais boire froid n'est qu'une simple habitude à prendre, d'ailleurs revendiquée pour une large majorité des consommateurs.

Pour l'obèse récalcitrant, cette opération simple et souvent agréable peut se révéler très rentable. En effet, lorsqu'un consommateur absorbe deux litres d'eau sortant du réfrigérateur à 4 °C, il éliminera tôt ou tard cette eau sous forme d'urine à 37 °C. Pour élever de 33 °C la température de ces deux litres d'eau, son organisme devra brûler 60 calories. Devenue habituelle, cette opération, répétée sur une année, lui permettrait donc de brûler sans effort près de 22 000 calories, soit un peu plus de 2, 5 kg par an, ce qui représente une aubaine pour tous les grands obèses dont la stabilisation est si souvent menacée.

À l'inverse, une tasse de thé brûlant absorbée en prenant soin, pour bonne conscience, d'utiliser un faux sucre, n'apporte aucune calorie alimentaire mais fournit une dose de chaleur intégrée qui se chiffre en calories sournoises et que peu de consommateurs soupçonnent.

Sucer des glaçons

L'effet recherché est encore plus marqué pour des glaçons conservés à température négative (−10 °C). Sur ce principe, je demande à mes patientes de se confectionner des glaçons édulcorés à l'aspartam et aromatisés à la vanille ou à la menthe et, en saison clémente, d'en sucer cinq ou six par jour, ce qui leur permet de dilapider sans effort près de 60 calories par jour.

Maigrir en se lavant

Tentez l'expérience simple qui consiste à entrer sous la douche un thermomètre en main. Laissez couler l'eau en amenant progressivement sa température à 25 °C. À quoi comparer la température de cette eau ? À celle d'un bain de mer qualifié d'agréable en été.

Rester sous cette eau pendant deux minutes contraint l'organisme à dépenser près de 100 calories pour simplement s'opposer au refroidissement du corps, l'équivalent calorique de 3 km de marche.

Ces douches rafraîchissantes produisent leur meilleur effet lorsqu'elles sont appliquées sur les régions du corps les plus desservies en sang chaud, les aisselles l'aine, le cou et la poitrine où le sang circule dans de grosses artères chaudes et superficielles qui permettent une meilleure déperdition de chaleur.

Éviter le mouillage des cheveux, trop dérangeant à la longue et celui du dos aussi inutile que déplaisant.

Les plus frileux conserveront l'avantage de cette mesure de déperdition calorique en appliquant cette douche sur les parties les moins sensibles du corps, cuisses, jambes et pieds.

Éviter les atmosphères surchauffées

L'obèse doit savoir qu'une température de 25 °C l'hiver dans un appartement est une température ambiante qui renforce sa prédisposition à grossir.

Pour lui et pour tout candidat à la minceur, abaisser cette température de 3 °C oblige le corps à une combustion de 100 calories supplémentaire par jour, l'équivalent de vingt minutes de course à pied.

Accepter de moins se couvrir

Cette mesure recoupe la précédente, mais il est possible de combiner leurs deux effets.

L'hiver venu, et parfois même dès l'automne, bien plus souvent par habitude que par nécessité, vous sortez du placard des collections de pulls et de sous-vêtements. La nuit, nombreux sont ceux qui accumulent les couvertures moins par réel besoin de chaleur que pour le plaisir de se sentir confortablement enveloppés.

Débarrassez-vous, au choix de l'une de ces trois protections, le sous-vêtement synthétique, le pull ou la couverture supplémentaire. Cette seule mesure suffit à vous défaire de 100 nouvelles calories quotidiennes.

De plus, le prédisposé à l'obésité doit savoir qu'il ne lui est pas recommandé de porter des vêtements trop ajustés. Un corps habillé transpire toujours légèrement, et cette évaporation qui rafraîchit et abaisse la température du corps doit être favorisée par le port d'habits aussi amples que possible.

En conclusion

À l'heure du bilan énergétique, il suffira d'additionner ces dépenses pour comprendre l'importance de l'utilisation du froid pour faciliter les stabilisations difficiles.

Boire 2 litres d'eau à 10 °C demande à l'organisme, pour empêcher son refroidissement	60 calories
Sucer 6 glaçons acidulés	60 calories
Une douche de 2 minutes à 25 °C	100 calories
Abaisser la température ambiante habituelle de 3 °C	100 calories
Abandonner un sous-vêtement, pull, ou couverture	100 calories
Total	420 calories

La lecture de ce tableau prouve clairement et simplement l'efficacité de ces mesures.

Le lecteur qui douterait de leur réalité doit comprendre que je me réfère ici à une réalité physiologique, au demeurant fort logique. Comment douter que le maintien d'un organisme à une température constante aussi élevée que 37 °C ait un coût calorique, et que ce coût varie avec la température ambiante et le contact du froid. N'importe qui sait, par expérience, à quel montant s'élèvent les dépenses de chauffage lorsque dans une maison, portes et fenêtres sont mal calfeutrées. Or, notre corps fonctionne selon le même principe qui nous autorise à utiliser ce gaspillage énergétique pour infléchir la nature excessivement économe de l'obèse.

En conclusion, si le rafraîchissement n'est pas une arme suffisante pour assurer l'amaigrissement d'un obèse, il peut être très utile dans le cadre d'une stabilisation difficile où il suffit parfois de peu de chose pour inverser la tendance. Ces modestes mais régulières calories conquises sur le froid peuvent représenter cet appoint qui autorise le succès.

Enfin, il y a un argument qui, de loin, surpasse tous les autres, c'est celui de la mise à l'épreuve de cette technique sur le terrain. Ceux qui sont assez lucides pour évaluer l'importance et la résistance de leur obésité, qui appliquent très sérieusement le plan de stabilisation définitive de Protal et qui sentent malgré tout l'aiguille de la bascule hésiter à se fixer sur leur chiffre favori, doivent sans hésiter essayer durant quelques semaines les effets du rafraîchissement. Après cette courte expérience, ils n'auront besoin de personne pour se décider.

Pour ceux dont la prédisposition est moins forte, cette technique n'est pas indispensable. Ils peuvent cependant y recourir de manière plus ponctuelle, lors de périodes particulièrement menacées (vacances, fêtes, etc.), ou sélectionner un ou deux éléments du programme qui les dérangent le moins.

Mentionnons, pour finir, qu'affronter le froid peut être un exercice très utile à tous ceux qui, se sentant faibles dans certains secteurs de leur vie psychique, ont envie d'aiguiser leur volonté dans d'autres domaines où ils sont mieux armés. S'affirmer face au froid peut aider à vaincre une certaine faiblesse dans le registre de l'alimentation.

Pour clore ce chapitre, je dirais que la chaleur et le confort sont émollients, tandis que le froid dynamise, incite à l'effort musculaire et intellectuel et renforce le fonctionnement de la thyroïde. J'ai connu bon nombre de tristes qui se sont mis à chanter sous des douches un peu plus fraîches.

Deuxième mesure exceptionnelle : pratique de l'activité physique utilitaire

La plupart des théoriciens de l'amaigrissement préconisent pour perdre du poids de manger de tout en petites quantités et d'augmenter conjointement les dépenses liées à l'exercice physique. Ces recommandations semblent logiques et rationnelles mais elles ne sont pas confirmées par la pratique. Selon l'association américaine des professionnels spécialistes de l'obésité, 12 % des candidats à l'amaigrissement suivant un régime perdent effectivement du poids, et 2 % seulement réussissent à le stabiliser. Et l'on sait l'immense intérêt que suscitent le sport et l'exercice physique aux États-Unis.

Jamais de sport pendant les phases d'amaigrissement intense

En période de régime d'attaque et tant que se poursuit un amaigrissement accéléré, je déconseille tout sport ou type d'activité intense à mes patients porteurs d'une obésité importante.

Et ce pour trois raisons :

- La première est que l'effort de volonté nécessaire imposé par un régime amaigrissant efficace est déjà une épreuve en soi. Imposer un effort supplémentaire risque simplement de faire crouler tout l'édifice.

- La deuxième raison tient au fait que l'obèse qui maigrit beaucoup est fatigable et a besoin de repos et d'un bon sommeil récupérateur. Tout effort physique soutenu risque d'accroître sa fatigabilité et d'émousser le tranchant de sa détermination.

- La troisième est que l'obèse est, par définition, beaucoup trop lourd pour sa constitution, et lui imposer un exercice physique suffisant pour être amaigrissant est tout simplement dangereux.

De plus, lui demander de pratiquer une activité sportive, c'est aussi mésestimer son appréhension à exhiber son corps en public.

Trois activités minimales de renforcement

Si le sport est exclu en cours d'amaigrissement, il est d'un intérêt majeur en phase de stabilisation, tant pour contenir le retour du poids que pour raffermir des muscles relâchés et retendre une peau excédentaire. L'expérience prouve cependant que la pratique d'une activité physique régulière est très difficile à obtenir chez l'obèse, aversion du mouvement et de l'effort qui a sa part de responsabilité dans l'origine de sa surcharge.

Néanmoins, pour le grand obèse amaigri dont la stabilisation définitive est difficile à obtenir, Protal associe à son plan de base les trois consignes élémentaires suivantes applicables par tous, y compris les plus réfractaires à tout effort physique :

• **Le refus de l'ascenseur.** Cette consigne est aussi simple qu'impérative. Quiconque veut stabiliser définitivement son poids doit abandonner à jamais l'usage des ascenseurs. Monter ou descendre des escaliers est une activité qui sollicite la contraction des plus gros muscles de l'organisme et consomme en peu de temps un grand nombre de calories. De plus, elle permet au cœur du citadin sédentaire de changer régulièrement de rythme, excellente opération de prévention de l'infarctus.

Mais cette consigne, par-delà le dessein d'instituer un fond de combustion calorique durable, cache un autre sens plus profond. Elle permet de tester, plusieurs fois par jour, sa détermination à adhérer à son plan de stabilisation.

Au bas d'un escalier, à égale distance de la porte de l'ascenseur et des premières marches, tout candidat à la stabilisation se retrouve symboliquement face à un choix lui permettant de mesurer sa détermination.

Prendre à pleine main la rampe et grimper avec enthousiasme est un choix simple, utile et logique, une sorte de clin d'œil que m'adressera mon lecteur pour me signifier qu'il croit à mon plan, qu'il lui sert et lui convient.

Choisir l'ascenseur en prétextant un retard ou un panier un peu lourd, c'est signer le début d'un relâchement qui ne peut que s'étendre. Un plan de stabilisation dans lequel on n'accepte pas d'injecter sa modeste part d'investissement est voué à l'échec. Opter donc résolument pour l'escalier.

• **Debout aussi souvent que possible.** En toute occasion où la position assise ou allongée n'est pas indispensable, penser à se tenir debout. Pour prendre toute sa valeur, la position debout doit s'effectuer en répartissant la charge du corps sur les deux pieds. Elle doit éviter le déhanchement qui déplace le poids du corps sur un côté et en fait supporter la charge non pas aux muscles mais aux ligaments dont la mise en tension passive ne consomme aucune calorie.

Ne négligez pas cette consigne d'apparence anodine, la position debout fait appel à la contraction statique des plus gros muscles de l'organisme : les fessiers, les quadriceps et les ischiojambiers.

Se tenir debout, bien calé sur ses deux pieds, le bassin horizontal, est une activité qui, si elle devient habituelle, consomme suffisamment d'énergie pour ne pas être négligée.

• **La marche utilitaire.** La marche pour la marche, exercice d'hygiène et de prévention, est en soi une très bonne activité, consommant suffisamment de calories pour être incluse dans un plan de stabilisation. Mais l'expérience prouve qu'elle consomme encore plus de temps, si bien que les gens actifs et pressés la rejettent.

Il en va tout autrement de la marche utilitaire qui, par définition, n'est pas une activité gratuite. Se rendre chez soi à pied, faire ses courses, rendre visite à des voisins en marchant, redonne un sens à l'une des activités les plus naturelles de l'homme et sera de ce fait plus facilement acceptée.

L'obèse victorieux en cours de stabilisation doit réapprendre à utiliser son corps qu'il considérait à juste titre comme une charge intransportable et une entrave à sa liberté. Abandonner l'obésité n'est pas un choix magique, c'est une rééducation qui s'effectue dans la tête et qui doit se désirer, c'est un travail sur soi qui débouche sur de telles satisfactions qu'il justifie des concessions. Un jour de protéines pures par semaine, trois cuillers à soupe de son d'avoine, flirter avec le froid et se tenir debout, marcher quand c'est nécessaire et oublier les escaliers représentent, pour un grand obèse en cours de stabilisation, des concessions mineures par rapport au bénéfice d'une liberté, d'une dignité et d'une normalité retrouvées.

En conclusion, si l'on devait ne retenir qu'une seule consigne de ce paragraphe consacré aux dépenses physiques, ce devrait être celle qui consiste à bannir à tout jamais l'usage des ascenseurs. Une mesure ponctuelle et bien définie, utile et peu contraignante, ne consommant que peu de temps et beaucoup d'énergie, la seule qui puisse être acceptée avec la mention « définitivement ».

Renforcement psychologique de la stabilisation : trois modifications du comportement alimentaire

Manger lentement et mastiquer entièrement les aliments

Il existe aujourd'hui des raisons scientifiques d'affirmer que manger trop vite fait grossir. Une étude anglaise a étudié en les filmant à leur insu deux groupes de femmes, l'un composé d'obèses et l'autre de femmes de poids normal. Elle a montré que les femmes de poids normal mastiquaient deux fois plus que les obèses, accédaient plus vite à satiété et avaient un besoin réduit en féculents et en sucres dans les heures qui suivaient le repas.

Il existe deux types de satiété : le rassasiement mécanique par remplissage de l'estomac et la vraie satiété qui survient lorsque les aliments après digestion arrivent dans le sang puis au cerveau. Ceux qui mangent très vite ne peuvent compter que sur la distension de leur estomac pour calmer leur avidité. Ce qui peut représenter d'énormes quantités et explique la fréquence d'une somnolence de fin de repas et de ballonnement, prouvant que l'on a dépassé la mesure.

À l'inverse, l'individu qui mange lentement et mastique prend le temps de voir calories et nutriments cheminer jusqu'au cerveau pour déclencher la satiété. À mi-repas ce dernier commence à peiner et refuse fromage et dessert.

Je sais que l'on ne peut inverser totalement ce type d'habitude, et je sais tout autant ce qu'il y a d'exaspérant à déjeuner avec ce genre de tortue des tables lorsque l'on possède un appétit de lièvre.

Néanmoins, le grand obèse qui éprouve du mal à se stabiliser ne doit pas sourire à la lecture de cette consigne. Il doit accepter l'idée qu'une mesure aussi simple peut l'aider beaucoup. Il doit savoir aussi que l'effort volontaire pour infléchir cette vitesse d'ingestion est beaucoup plus facile qu'il n'y paraît. L'effort d'attention volontaire ne dure que quelques jours et devient vite un automatisme et à la longue une habitude.

En guise d'anecdote, je rapporterai le cas d'un de mes patients indien ex-obèse, guéri et stabilisé par un guru d'un ashram de la province de New Delhi avec, pour seul traitement, la recommandation suivante : « Lors de chaque repas, nourrissez-vous et mastiquez comme vous en avez l'habitude, mais au moment d'avaler, ramenez d'un mouvement de langue la bouchée sur le devant de la bouche et mastiquez-la une deuxième fois. En deux ans, vous aurez retrouvé un poids normal. »

Boire abondamment en mangeant

Un interdit d'origine mal identifiée mais ancré dans l'inconscient collectif recommande à quiconque veut maigrir de ne pas boire en mangeant.

Ce cliché est non seulement absurde et sans justification mais contraire à la vérité. Boire en mangeant est bénéfique pour l'obèse et pour trois raisons :

- L'eau agit d'abord comme un liquide de remplissage qui, s'ajoutant aux aliments, distend l'estomac et procure une sensation de réplétion et de rassasiement.

- Boire en mangeant permet aussi d'interrompre pour un moment l'absorption des aliments solides. Cette pause, associée à un rinçage des papilles, ralentit la progression du repas, laissant aux messagers chimiques de la satiété le temps de cheminer à travers sang et cerveau pour apaiser la faim.

- Enfin, l'eau, lorsqu'elle est froide ou même fraîche, abaisse la température globale des aliments contenus dans l'estomac, aliments qui devront être réchauffés pour pénétrer dans le sang. Des calories et du temps supplémentaire de gagné.

En pratique, pour tirer pleinement profit de ces raisons de boire, il est souhaitable de boire froid, l'équivalent d'un verre à bière avant le repas, un autre à consommer en plusieurs fois tout au long du repas, et un dernier verre avant de se lever de table.

Ne pas se resservir deux fois du même plat

Au cours du régime de consolidation, période de transition entre la période d'amaigrissement proprement dite et la stabilisation définitive, Protal s'ouvrait à un certain nombre d'aliments nécessaires et intégrait deux repas de gala assortis d'une recommandation de bon sens : « jamais deux fois du même plat ».

Les grands obèses à stabilisation incertaine ont tout intérêt à adopter cette règle que les maigres constitutionnels pratiquent spontanément.

Servez-vous copieusement en sachant qu'il n'y aura pas deux distributions, vous mangerez d'un meilleur appétit et vous saurez mieux prendre votre temps.

Au moment où vous serez tenté de tendre à nouveau votre assiette, sachez que vous êtes en train de franchir une frontière dangereuse. Reposez votre assiette et pensez au plat suivant.

En conclusion

Quoi de plus simple que de boire en mangeant, de mâcher davantage ses aliments en se concentrant sur les sensations procurées et de ne jamais se resservir deux fois du même plat. Simple, certainement, mais efficace car ces mesures interviennent à table et sur les lieux mêmes où sévissent les comportements alimentaires vicieux ayant leur part de responsabilité dans l'obésité initiale. Lorsqu'elles sont acceptées, elles infléchissent lentement les pulsions désordonnées du grand obèse.

Combinés aux autres mesures de renforcement exceptionnelles, le froid et l'exercice utilitaire, dédiés à l'obèse jusque-là réfractaire à toute stabilisation durable, ces deux mesures lui imposent un surcroît de consignes peu contraignantes mais d'une grande efficacité pratique.

Le grand obèse doit savoir qu'il ne pourra jamais espérer une stabilisation durable s'il n'y laisse pas une partie de lui-même, cette partie qui l'ancre par le comportement et les habitudes dans l'instabilité et l'échec inéluctables.

Ce réseau de consignes sur lesquelles il peut se reposer fonctionne à la manière de balises sur le chemin de la stabilisation. Elles confirment à tout moment l'ampleur, l'importance et la permanence d'un grand défi : vivre agréablement, en mangeant définitivement comme tout le monde six jours sur sept.

UTILISATION DE PROTAL
DE L'ENFANCE À LA MÉNOPAUSE

Le principe conducteur qui sous-tend le plan Protal est qu'il est devenu difficile de nos jours de posséder et de conserver, sans une méthodologie particulière, un poids normal.

À l'heure où j'écris ces lignes, dans les officines et les laboratoires des plus grands groupes de l'industrie agroalimentaire, des génies du marketing et des professeurs de psychologie, experts en motivations profondes des comportements humains, travaillent dans l'ombre à élaborer des gammes entières de produits de grignotage aux formes, aux couleurs, aux arguments et aux modes de diffusion si sophistiqués qu'y résister devient une véritable gageure.

Parallèlement, dans d'autres ateliers, chercheurs et techniciens tout aussi experts s'acharnent à découvrir et promouvoir des procédés et des produits dont l'innovation porte prioritairement sur la réduction du mouvement de la machine humaine. C'est ainsi que depuis l'apparition de la machine à vapeur, l'automobile, l'électricité, le téléphone, les machines à laver, mouchoirs et couches jetables, télécommandes et jusqu'à l'apparition remarquée de la brosse à dents électrique, tous ces produits sont présentés comme des innovations qui nous délestent ou nous privent, selon la perspective choisie, d'une foule de gestes utilitaires et des calories qu'ils permettaient de consommer.

Tout ceci pour dire que tout être humain vivant au sein d'une société dite de consommation, mis à part les derniers travailleurs de force et les sportifs professionnels, aura de grandes difficultés à réguler son poids, d'autant que pour des raisons de prévention sanitaire et de mots d'ordre culturels et d'impératifs de minceur, il est devenu socialement et culturellement incorrect de grossir.

Protal a été conçu pour affronter cette dérive structurelle des sociétés modernes et fournir un plan pouvant s'adapter à toutes les facettes de cette nouvelle maladie de civilisation.

Jusqu'à présent, Protal a été décrit ici sous une forme générale facilitant la compréhension de sa structure et intégrant seulement des paramètres de durée et de poids à perdre.

Il s'agit maintenant de voir comment cet outil évolutif peut s'adapter et être utilisé en fonction des différents âges et statuts de l'existence.

Protal et l'enfance

La coalition de l'hypersollicitation alimentaire et de la réduction de l'effort s'exerce avec une particulière intensité chez l'enfant. En une seule génération sont apparus la télévision et les jeux électroniques qui clouent l'enfant devant ses écrans ainsi que les diverses barres, friandises, guimauves, gâteaux secs, nutellas aux sollicitations gustatives et publicitaires irrésistibles.

L'épidémie d'obésité américaine a débuté dans les années soixante en prenant pied sur la population infantile. À présent, les gros enfants d'hier sont devenus les obèses d'aujourd'hui dont les États-Unis détiennent la plus forte proportion au monde.

Les pédiatres français ont déjà noté les prémisses de cette invasion culturelle. Fastfoods, pizzas, glaces américaines, sodas, barres chocolatés, pop-corn et corn-flakes, couplés à « l'immobilisation électronique » élèvent progressivement les taux de l'obésité infantile française.

En ce qui concerne la surcharge pondérale de l'enfant, il convient de distinguer la démarche préventive qui concerne les enfants à risque manifestant très tôt et de manière familiale une tendance à grossir et la démarche curative qui intéresse l'obésité infantile constituée.

Ne jamais oublier que, dans le domaine particulier des surcharges de l'enfant, la démarche préventive est de très loin la plus intéressante et la plus payante car, un enfant devenu gros conservera sa vie durant une difficulté à gérer son poids. Donc, toujours tenter de prévenir par une attitude ferme et avertie cette inflation du poids qui entraînera l'adulte dans un interminable et frustrant combat.

L'enfant à risque

Il s'agit en général d'un enfant gourmand et peu actif, issu de parents gros et affichant très tôt un fort appétit et une tendance à l'embonpoint.

À cet âge, il n'est certes pas question d'instaurer un régime et encore moins un régime aussi efficace et structuré que Protal. Mais il faut bien répondre à cette mère qui ne sait comment endiguer cette tendance.

La réponse est claire et simple. Elle consiste à :
– éviter d'acheter et d'introduire à la maison tous les aliments au goût sucré à l'exception de ceux édulcorés à l'aspartam ;

– éliminer les chips, les frites et les oléagineux (cacahuètes, pistaches);
– réduire de moitié ou des deux tiers la teneur en matière grasse (huile, beurre, crème) des sauces et préparations.

Avec ces trois mesures élémentaires mais très efficaces à long terme, les plus gros dangers peuvent être écartés. Mais ces mesures ne sont pas négociables car il en va de la santé ultérieure, tant physique que psychique, de ces enfants.

Une mère conséquente devra donc éviter d'introduire chez elle toutes sortes de bonbons, friandises, gâteaux, chocolats et pâtes à tartiner ou glaces et réserver ces aliments pour des occasions festives ou des récompenses. D'autant qu'il existe aujourd'hui un nombre croissant de produits de substitution, d'allégés en tout genre, confitures sans sucre, chewing-gums de régime, laitages aromatisés, chocolats faiblement sucrés, flans sans sucre et peu gras, glaces au yaourt, etc.

Elle aura aussi à faire preuve d'inventivité pour réduire la teneur en graisse des vinaigrettes, du beurre ajouté aux pâtes et des diverses sauces de préparation des viandes, poissons ou volaille (cf. recettes et sauces conseillées).

L'enfant obèse

• Avant l'âge de 10 ans, il s'agit, devant une ébauche de prise de poids, d'adopter une stratégie douce dont l'objectif est de stabiliser ce poids en l'état et de permettre à la croissance de noyer ce léger embonpoint sur la prise de poids à venir. Pour cela, commencer par une période de 3 mois au cours de laquelle seront appliquées les trois mesures précédentes concernant la rééquilibration sucrée et grasse de l'alimentation de cet enfant.

Si le poids continue de progresser malgré ces premières mesures, passer à la phase Protal III, dite de consolidation du poids avec ses deux repas de gala mais sans suivre le jeudi protéines pures qui est trop offensif pour cet âge.

• Après 10 ans, devant une obésité constituée, il est désormais possible de tenter de réduire en douceur cette surcharge. Cette offensive débutera avec le Protal III dans son intégralité à l'exception du jeudi protéines pures, encore trop soutenu pour cet âge et qui sera remplacé par une journée de protéines + légumes. L'objectif est ici de perdre du poids mais sans prendre le risque de brusquer ni de frustrer exagérément l'enfant, sachant que le reste de croissance à venir est un atout majeur qui permettra à l'enfant de grandir en étirant sa surcharge.

Protal et l'adolescence

L'adolescence est, pour le garçon, la période de l'existence la moins menacée par la surcharge pondérale, période de croissance et de forte activité au cours de laquelle les dépenses énergétiques neutralisent toute prise de poids.

Il n'en va pas de même de l'adolescente qui traverse une période d'instabilité hormonale dont témoignent des règles anarchiques et une prise de poids à forte tonalité hormonale localisée aux formes les plus féminines du corps, tels les cuisses, les hanches ou les genoux. Cette traversée houleuse est souvent accompagnée d'une hypersensibilité émotionnelle et d'une forte adhésion au culte de la minceur qui sévit sans nuances dans ces tranches d'âge.

L'adolescente à risque

• En cas de simple tendance à l'embonpoint dans un contexte de règles irrégulières avec syndrome prémenstruel marqué, il convient d'interroger son médecin pour estimer l'état de maturité osseuse et ce qu'il reste à attendre de la croissance en cours.

- Lorsque la croissance n'est pas terminée, le Protal III est le mieux adapté à la situation et suffit habituellement à endiguer cette tendance modérée, à condition de le pratiquer dans son intégralité, sans oublier le jeudi de protéines pures.

- Lorsque la croissance est achevée ou que la tendance à l'embonpoint n'est pas suffisamment contrôlée par le régime précédent, passer au Protal II allégé, débarrassé des protéines pures et limité au seul emploi des protéines + légumes.

- Si la prise de poids s'aggrave, passer au Protal II intégral en le pratiquant avec un rythme d'alternance 1/1, soit une journée de protéines pures suivie d'une journée de protéines + légumes jusqu'à obtention d'un simple poids correct et non d'un poids idéal. Ce dernier, irréaliste ou trop long à atteindre, prend le risque de rendre l'organisme trop économe et d'enfermer l'adolescente dans une alimentation trop restrictive.

L'adolescente obèse

Dès les 16 ans passés, en cas d'obésité déclarée, dans un contexte de règles régulières et en l'absence de troubles du comportement alimentaire boulimique ou compulsif lourd, il est souhaitable d'utiliser le plan Protal en suivant son cours normal. Le débuter avec un Protal I de 3 à 5 jours pour passer à Protal II avec une alternance 1/1, voire 5/5 pour obtenir un démarrage encourageant susceptible de renforcer durablement la motivation.

Chez l'adolescente, il est encore plus crucial de consolider le poids fixé avec le Protal III, appliquant scrupuleusement la règle des 10 jours de régime par kilo perdu et de passer au Protal IV observant son jeudi protéines pures et ses cuillers de son d'avoine sur une durée d'autant plus prolongée que la perte de poids a été importante et qu'il existe une suspicion d'obésité familiale.

Protal et la femme sous pilule contraceptive

La génération des mini-pilules faiblement dosées a fortement réduit le risque de prise de poids induit par le dosage plus lourd des anciennes pilules.

Néanmoins, et quel que soit le dosage utilisé, les premiers mois d'instauration d'une pilule contraceptive restent une occasion de prise de poids qu'il est souvent difficile de résorber pour celles qui n'ont encore jamais eu l'occasion de surveiller leur alimentation. Cette tendance se manifeste surtout en début de traitement puis s'estompe progressivement en trois ou quatre mois, période courte au cours de laquelle il importe de prendre quelques précautions.

En prévention

Dans les cas où il existe une tendance personnelle ou familiale ou qu'une pilule fortement dosée soit utilisée, une mesure simple et efficace consiste à faire appel au Protal IV avec son jeudi protéines pures et ses cuillers de son d'avoine.

En cas d'insuccès ou de résultats insuffisants, passer au Protal III complet avec son jeudi protéines pures.

En cas de prise de poids établie

- Pour une prise de poids modérée, commencer avec Protal II, version d'alternance 1/1 (1 jour protéines/1 jour protéines + légumes) jusqu'à

récupération du poids initial sans oublier de passer par le Protal III, 10 jours par kilo perdu, puis par le Protal IV sur une durée minimum de quatre mois pour ne pas prendre le risque d'une reprise immédiate.
- Pour une prise de poids importante, adopter le plan Protal intégral du stade I au stade IV en conservant le jeudi protéines pures un an.

Protal et la grossesse

La prise de poids idéale au cours de la grossesse (poids final avant accouchement) est comprise entre 8 et 12 kg selon la taille, l'âge et le nombre de grossesses. Cette prise de poids peut s'avérer bien supérieure chez des femmes prédisposées à l'obésité.

Ces différentes éventualités sont toutes aisément contrôlables grâce aux multiples facettes et angles d'approche du plan Protal.

Au cours de la grossesse

- **Surveillance et prévention simple.** En cas de risque de prise de poids chez des femmes ayant déjà beaucoup grossi au cours de grossesses précédentes ou de femmes présentant des antécédents diabétiques personnels ou familiaux ou par simple souci de ligne ou de minceur, la meilleure stratégie préventive est d'instaurer aussi tôt que possible et pendant toute la grossesse le régime Protal III spécialement adapté à la grossesse par trois allégements :
  - consommer deux portions de fruits par jour au lieu d'une ;
  - utiliser du lait et des laitages (yaourts et fromages blancs) demi-écrémés à 20 % au lieu d'écrémé à 0 % ;
  - supprimer le jeudi protéines pures.

• **Surcharge préexistante.** C'est le cas de grossesses survenant chez une femme déjà surchargée qui n'a pas eu le temps de réduire préalablement son poids.

Dans ces cas préoccupants où l'excès de poids préexistant peut fortement s'aggraver, la meilleure réponse est fournie par le Protal III renforcé par le retrait des féculents et des deux repas de gala, le jeudi protéiné étant maintenu.

En cas d'obésité franche, lorsqu'il existe un risque important de complications maternelles, fœtales au cours de la grossesse ou de l'accouchement, il est possible d'utiliser, surtout en tout début de grossesse, le Protal II et même le Protal I mais en accord avec son médecin traitant et sous sa surveillance. Dans ces cas très particuliers, il y a lieu d'estimer et de mettre en balance les bénéfices et les nuisances pour la mère et le fœtus d'un régime aussi actif.

Après la grossesse

On se trouve ici dans une situation classique où il existe un reliquat pondéral plus ou moins important qu'il s'agit de réduire pour retrouver le poids antérieur.

Toute femme doit cependant savoir qu'il n'est pas toujours facile ni souhaitable de tenter de retrouver systématiquement le poids d'avant grossesse, ce qui reviendrait à s'accrocher indéfiniment à son poids de jeune fille.

En tenant compte de mon expérience de terrain, j'ai pris l'habitude d'appliquer une règle personnelle de calcul d'évolution souhaitable du poids en fonction de l'âge et du nombre de grossesses. *Par rapport au poids de jeune fille (20 ans), je considère que de 20 à 50 ans, l'accroissement moyen de poids se situe autour de 1 kg par dizaine d'années d'âge et de 2 kg par enfant,* soit pour une femme de 50 ans ayant pesé 50 kg à l'âge de 20 ans, un poids de 54 kg à 25 ans incluant le reliquat de deux grossesses, de 55 kg à 30 ans, de 56 kg à 40 ans et de 57 kg à 50 ans.

• En cas d'allaitement. Quelle que soit la prise de poids, il n'est pas concevable d'instaurer pendant cette période un régime trop soutenu qui aurait des conséquences sur la croissance du nouveau-né.

L'attitude conseillée s'apparente à celle du régime de simple surveillance d'une grossesse ordinaire fourni par le Protal III assoupli en trois points.

– ajout d'un deuxième fruit au lieu d'un seul ;
– utilisation du lait et des laitages demi-écrémés (20 % MG) au lieu de totalement écrémés (0 % MG) ;
– évitement du jeudi protéines pures.

• En l'absence d'allaitement. La réduction pondérale peut débuter dès le retour à domicile.

Si la prise de poids est normale, laissant un reliquat de grossesse compris entre 5 à 7 kg sept jours après l'accouchement, le retour au poids normal sera obtenu à l'aide de Protal II, version d'alternance 1/1, soit un jour de protéines pures suivi d'un jour de protéines + légumes, régime suivi sans interruption jusqu'à obtention du poids fixé, sans oublier de passer par Protal III et son sas de consolidation de 10 jours par kilo perdu, puis par Protal IV et son jeudi protéines pures de rappel hebdomadaire qui devra être suivi pendant quatre mois.

En cas de prise de poids anormale, reliquat compris entre 10 et 20 kg sept jours après l'accouchement, il est nécessaire de suivre le plan Protal dans son intégralité avec un démarrage rapide fourni par les cinq jours de protéines pures du Protal I, passage au Protal II, version d'alternance 5/5, soit cinq jours de protéines pures suivis de cinq jours de protéines

+ légumes, puis par le Protal III et ses dix jours par kilo perdu et enfin par le Protal IV, jeudi protéines pures + son d'avoine quotidien qui devra être maintenu pendant un an, voire davantage pour les sujets prédisposés ayant déjà un passé pondéral tourmenté.

Protal et préménopause et ménopause

Les dangers de la ménopause

La préménopause et les six premiers mois de la ménopause confirmée représentent le carrefour hormonal de tous les dangers, la période de la vie de la femme où la prise de poids est la plus fréquente.

Sous l'effet combiné de l'âge, de la réduction de la masse musculaire et d'un appauvrissement fréquent de la sécrétion thyroïdienne, les dépenses caloriques de l'organisme diminuent progressivement.

Dans le même temps, l'ovaire cesse de sécréter d'abord l'une de ses deux hormones, la progestérone, créant un déséquilibre responsable de l'instauration de cycles irréguliers avec retards ou absence de règles.

Des progestérones de substitution, pour la plupart de synthèse, sont habituellement utilisées pour compenser ce tarissement.

Ces trois facteurs conjuguent leurs effets pour engendrer une prise de poids qui ne répond plus aux habituelles mesures de contrôle alimentaires que la plupart des femmes s'imposent pour maintenir tant bien que mal leur poids.

Nous sommes au cœur de la préménopause.

Lorsque l'ovaire s'éteint complètement, interrompant aussi sa sécrétion d'œstrogène ou folliculine, les bouffées de chaleur apparaissent qui signalent et manifestent le manque. Nous sommes alors en ménopause confirmée et la prise de poids s'accentue avec le renforcement du traitement de substitution qui associe désormais progestérone et œstrogènes. Cette tendance à la prise de poids se prolonge jusqu'à totale adaptation au traitement pour s'estomper en quelques mois.

Le bilan pondéral de cette traversée houleuse qui peut durer de deux à cinq ans est une prise de poids oscillant statistiquement entre 3 et 5 kg selon le traitement de substitution utilisé, la manière plus ou moins progressive de l'instituer, mais cette prise de poids peut, sur des femmes prédisposées et non averties, atteindre 10, voire 20 kg.

Les hormones végétales, une alternative révolutionnaire pour les femmes à risque

Depuis peu, il existe un nouveau traitement de la ménopause qui évite les prises de poids induites par le traitement hormonal de substitution classique. Il s'agit d'une alternative fournie par des substances totalement végétales et naturelles extraites de nombreuses plantes, mais plus particulièrement du soja. Le yam, après avoir connu un effet de mode passager aux États-Unis, semble être abandonné par ses promoteurs eux-mêmes, et ne conserve d'intérêt qu'en utilisation locale sous forme de crème cosmétologique.

Ces substances sont formées de molécules dont la structure est si voisine de celle des hormones féminines qu'elles peuvent en partie les remplacer. Cette ressemblance de forme et d'effets leur a valu le nom générique d'*hormones-like*, et les isoflavones du soja celui de phytoestrogènes.

Ces molécules végétales, moins actives que les hormones féminines mais dépourvues de toxicité, ont prouvé leur action de protection sur les bouffées de chaleur. Des études sont en cours pour confirmer leur action de prévention de l'ostéoporose et du risque cardio-vasculaire et, davantage encore, leur action préventive sur de nombreux cancers hormono-dépendants, et tout particulièrement le cancer du sein.

Mais en plus de ces actions majeures de protection, ces substances végétales et naturelles apportent un grand espoir aux femmes qui abordent la préménopause puis la ménopause en redoutant une prise de poids. Il semble que l'usage régulier des phytoestrogènes du soja, à la condition expresse d'être utilisées à doses suffisantes, permettent d'éviter, notamment chez la femme à risque, les inéluctables prises de poids rencontrées en cours de ménopause. Il faut savoir que la plupart des dosages actuellement proposés en pharmacie sous forme de comprimés ou de gélules sont insuffisants. Seule une dose quotidienne de 100 mg d'isoflavones de soja (l'équivalent de 200 g de tofu) offre une réelle garantie d'efficacité, les œstrogènes végétaux étant 1 000 à 2 000 fois moins puissants que les œstrogènes de la femme.

Ainsi, de nombreuses femmes qui ont toujours eu le plus grand mal à contenir leur poids en corrigeant les dérives alimentaires par des périodes de régime, sentent ces moyens habituellement efficaces s'essouffler et leur poids s'élever progressivement. Chez ces femmes, l'instauration d'un traitement hormonal de substitution classique peut mettre le feu aux poudres et être responsable d'un dérapage pondéral incontrôlable. C'est dans ce type de situation à risque que les hormones végétales peuvent s'avérer particulièrement utiles, quitte à passer dans un deuxième temps, avec un poids stabilisé, aux hormones véritables si les besoins gynécologiques le nécessitaient.

Il est à remarquer que le soja, dont on découvre chaque jour de nouvelles vertus, est l'aliment le plus riche en protéines du règne végétal et le seul dont les protéines ont une valeur biologique comparable à celles qui composent le plan Protal.

Tous les auteurs qui ont étudié ses propriétés insistent sur le fait que si son action de protection sur certaines manifestations de la ménopause, telles les bouffées de chaleur ou le vieillissement de la peau, se manifeste rapidement, son action de prévention sur le cancer du sein, l'ostéoporose et la surcharge pondérale, nécessite une très longue imprégnation qui seule peut expliquer l'étonnante immunité de la femme asiatique, forte consommatrice de soja.

Je conseille donc aux femmes jeunes de prendre l'habitude de consommer régulièrement du soja. Non pas les pousses de soja dénuées d'action, mais la graine elle-même, ou mieux, du lait de soja ou du tofu.

Mesures de prévention

• **Ménopause simple.** Lorsqu'il n'existe pas d'antécédent de prise anormale de poids ou de régimes amaigrissants mais que l'on s'attache par simple prudence à prévenir toute dérive de poids, il est conseillé, dès les premiers retards ou irrégularités de la préménopause, d'adopter le Protal IV avec son jeudi de protéines pures et ses cuillers de son d'avoine qui, dans la plupart des cas, suffit à endiguer la progression habituelle du poids. Cette attitude défensive doit être maintenue pendant toute la traversée habituellement chaotique de la préménopause et jusqu'à parfaite adaptation à la ménopause confirmée et tout particulièrement au moment de l'instauration du traitement de substitution hormonal, période par excellence de la perte de contrôle du poids.

• **Ménopause à risque.** C'est le cas des si nombreuses femmes qui ont toujours eu des difficultés à maintenir un poids correct, opérant seules ou avec l'aide d'un médecin pour contenir ou remettre à niveau une dérive pondérale spontanée. Ces femmes redoutent avec raison l'habituelle décompensation liée aux premières manifestations de la ménopause.

Dans ces cas, lorsque le Protal IV s'avère insuffisant, il convient de passer au Protal III standard avec son socle de protéines + légumes, son fruit, sa portion de pain complet et de fromage, ses deux portions de féculents par semaine ainsi que ses deux repas de gala et la force motrice que représente son jeudi de protéines pures.

À certains moments critiques de la préménopause, lors de retards ou d'absence prolongée de règles, périodes marquées par la rétention d'eau et les gonflements diffus, ventre ballonné, jambes lourdes, doigts boudinés avec bagues difficiles à ôter, maux de tête, ou au cours des trois fatidiques premiers mois d'instauration du traitement hormonal de substitution, il est indispensable de passer au Protal II dont la séquence 1/1, soit un jour de protéines pures suivi d'un jour de protéines + légumes est habituellement suffisant en attitude défensive.

Prises de poids établies

• **Prise de poids récente.** En l'absence de précaution et en présence d'une prise de poids fraîche ou en cours d'établissement, mais peu menaçante, il est recommandé de commencer par trois jours de Protal I et de le relayer par Protal II dans sa version d'alternance 1/1, soit un jour de protéines pures suivi d'un jour de protéines + légumes et, dès le poids correct retrouvé, de passer au Protal III de consolidation en finissant par le Protal IV en le prolongeant jusqu'à parfaite adaptation au traitement hormonal de substitution, soit six mois minimum.

• **Prise de poids ancienne.** Sur un terrain prédisposé, chez une femme déjà surchargée ou obèse, la prise de poids peut s'avérer explosive et interdire pour un temps toute tentative de traitement hormonal de substitution, ou, si ce traitement d'hormones a déjà été entrepris et que cette explosion a déjà eu lieu, le Protal I s'impose dans toute sa rigueur et son intégralité en commençant par cinq jours de protéines pures, voire sept si les dégâts sont importants. Passer alors au Protal II dans sa version d'alternance 5/5, soit cinq jours de protéines pures suivis de cinq jours de protéines + légumes. Le poids souhaitable atteint ou retrouvé, enclencher le Protal III et le poursuivre aussi longtemps que l'impose la règle des dix jours par kilo perdu, puis le Protal IV à maintenir pour le reste de la vie.

Protal et le sevrage tabagique

Sevrage tabagique et prise de poids

Nombreux sont les fumeurs et les fumeuses qui hésitent à cesser de fumer par crainte justifiée d'une prise de poids réactionnelle. Nombreux sont aussi ceux qui ont tenté et réussi un sevrage mais qui, pour avoir grossi au cours de cette tentative, se remettent à fumer en croyant à la réversibilité de cette prise de poids, mais qui se trompent et, ce faisant, perdent le bénéfice de leur entreprise et cumulent les nuisances.

Il faut savoir que l'engraissement lié à l'interruption du tabac est la conséquence de deux facteurs intriqués.

Un besoin de compensation de bouche qui pousse le fumeur sevré à rechercher des sensations différentes mais du même registre, des sensations dites analogues, des odeurs, des saveurs que les pédiatres et les psychanalystes regroupent sous le terme de sensations d'oralité par référence au stade oral des premiers moments de la vie du nourrisson si bien décrit par Freud et ses successeurs. De ce besoin de compenser dans l'analogue surgissent les besoins de mettre en bouche et de grignoter en dehors des repas toute sorte d'aliments à saveur agréable et intense qui élèvent la note calorique.

À ce besoin de sensorialité et l'apport de calories qu'il génère, s'ajoute une accumulation nouvelle de toutes les calories que la nicotine permettait de consumer.

La conjugaison de ces deux facteurs, sensoriel et métabolique, est responsable d'une prise de poids moyenne de 4 kg pouvant atteindre 10 voire 15 kg chez des sujets prédisposés et gros fumeurs très dépendants.

Il convient de savoir qu'un poids accumulé au cours du sevrage tabagique est un poids captif qui ne disparaîtra pas spontanément à la reprise du tabac. Il est donc indispensable de protéger l'immense acquis que représente la cessation d'une dépendance à une drogue aussi dangereuse que le tabac.

Il faut aussi garder à l'esprit que la menace d'engraissement liée à l'arrêt du tabac s'étale sur une période bien ponctuelle et limitée à six mois et que l'effort pour la contrer est donc lui aussi limité dans le temps. Passée cette période, l'emballement des métabolismes s'essouffle, les comportements de recherche et de compensation s'atténuent et le contrôle du poids devient plus aisé.

Prévention de la surcharge pour un fumeur de poids normal

C'est le cas simple du fumeur ne présentant aucune prédisposition personnelle ou familiale à la surcharge, de poids normal et n'ayant jamais suivi de régime amaigrissant.

Chez un petit fumeur, fumant moins de 10 cigarettes par jour ou n'avalant pas la fumée, la meilleure solution est fournie par le Protal IV de stabilisation ultime avec son jeudi de protéines pures et ses cuillers à soupe de son d'avoine.

Chez un gros fumeur, plus de 20 cigarettes par jour, c'est le Protal III qui s'impose dans son intégralité pendant les quatre premiers mois du sevrage et passage au Protal IV les quatre mois suivants.

Prévention pour un fumeur prédisposé à la surcharge

Lorsque l'on redoute l'instauration d'une prise de poids chez un grand fumeur porteur d'autres facteurs de risque (diabète, insuffisance respiratoire ou cardiaque), il est conseillé de commencer le sevrage sous Protal II dans sa version d'alternance 1/1, soit un jour de protéines pures suivi d'un jour de protéines + légumes pendant le premier mois au cours duquel le risque de prise de poids est maximum, puis de passer au Protal III de consolidation de poids perdu pendant cinq mois, suivi de Protal IV pendant six mois minimum.

Sevrage tabagique d'un obèse

Ici, le risque est maximal et la prise supplémentaire risque d'aggraver une obésité déjà préoccupante. La situation est difficile car l'obésité préexistante témoigne d'un terrain hautement favorable qui a résisté à une forte consommation de tabac, habituellement protectrice. Il faut donc s'attendre à une explosion des métabolismes et un besoin redoublé de demande de sensations de bouche et de grignotage.

Cependant, le bénéfice est à la hauteur de la difficulté car l'arrêt du tabac conjugué à la réduction de l'obésité libèrent l'organisme d'un double risque cardio-vasculaire et de cancer du poumon.

Cette démarche ardue nécessite une très forte motivation et un encadrement et une assistance psychologique conduite par un médecin. Ce dernier est souvent amené à prescrire des sédatifs ou même des antidépresseurs pour amortir le choc de deux accoutumances comportementales majeures.

C'est donc d'emblée le plan Protal complet qui s'impose dans sa version la plus stricte en commençant avec un Protal I version cinq à sept jours de protéines pures, puis le Protal II version d'alternance 5/5, cinq jours de protéines pures suivis de cinq jours de protéines + légumes, puis le Protal III pour consolidation du poids obtenu à suivre sur une durée de dix jours de régime par kilo perdu, et enfin et surtout le passage au Protal IV à conserver pour le reste de la vie.

Cure d'une prise de poids consécutive à un sevrage déjà réalisé

Ici, le mal est fait et n'a pu être évité en temps utile. Il s'agit donc d'une surcharge résiduelle chez un fumeur qui a parfaitement réalisé son sevrage et pour lequel il faut décourager toute tentation de reprise du tabac.

Le cas s'apparente à une obésité classique et doit être combattu avec un Protal intégral dans sa version la plus puissante, cinq jours de Protal I, Protal II version d'alternance 5/5, un Protal III particulièrement bien suivi et un Protal IV prolongé, voire définitif lorsque le sevrage portait sur une consommation supérieure à 20 cigarettes…

Bien**être**

7246

Composition : Chesteroc Ltd
Achevé d'imprimer en France (La Flèche)
par CPI Brodard et Taupin
le 27 mars 2009. 52302
Dépôt légal mars 2009. EAN 9782290332955
1er dépôt légal dans la collection : mars 2002

Éditions J'ai lu
87, quai Panhard-et-Levassor, 75013 Paris
Diffusion France et étranger : Flammarion